偷學億萬散戶贏家的

快狠準獲利術

當日沖銷×逆勢交易

投資最重要的是
買在**低點**，賣在**高點**！

日經理財　編　劉格安　譯

Contents

偷學億萬散戶贏家的快狠準獲利術

Part 3
超短期累積獲利的技術
當沖投資者

Part 4 海外股投資者

享受外國企業的成長

Part1
逆勢交易投資者

危機
入市

正確的買賣時機，比選股更重要。
耐心等待一年內只會發生幾次的股市急跌或個股暴跌，
再趁著大批投資者拋售時積極買進，這就是逆勢交易。
本單元將分析三名超強投資者是以什麼樣的策略，
貫徹這套「危機入市」投資法。

註：股價與指標等數值基本上為 2017 年 2 月 3 日資料

絕不錯失買點的資深謀略家

name

萬野正大
（40 幾歲．京都府）

職業	兼職投資者
投資資歷	18 年
金融資產	約 20 億日圓

information

推特帳號
@kaburen

部落格
林之錬金術師
http://kaburen.doorblog.jp/

「股票投資最重要的不是選股，而是進出市場的時機。」

發表這番宣言的，是在工作之餘持續投資股票的兼職投資者萬野正大（化名）。在始於二〇一二年底的安倍經濟學行情助攻下，他靠長期持有的股票寫下驚人的操作績效，例如以一七．五倍的價格賣掉經營分售公寓銷售的 Takara Leben、以一一．七倍賣掉手遊開發商 COLOPL 等等。二〇一二年底總計約二億五千萬日圓的操作資產，短短四年就大幅增加到八倍的二十億日圓左右。

他的投資風格很特別，不會固定使用同一種投資手法，而是按照持股期間的差別，從短期的波段操作，到超過十年的超長期持有，分別使用不同的手法。

本金迅速縮水五分之四

他剛開始投資股票，是在網路泡沫破裂前的一九九九年。當時他看到自己熟識的人因為網路類股飆漲而賺錢，便也躍躍欲試地投入股市。

起初他沒想太多，只覺得「反正股票就是二選一，不是上漲就是下跌，應該很容易賭到上漲那一邊吧」，但現實並沒有這麼簡單。他在大約五千日圓的價位買進遊戲開發商史克威爾（現在的史克威爾艾尼克斯控股），結果在八百日圓左右賣掉以後，股價又上漲到二萬五千日圓左右。他很後悔太早賣掉，於是開始專門鎖定黑馬股，但每次都以失敗告終，虧損連連。最後一千五百萬日圓的本金只剩下三百萬日圓，縮水為原本的五分之一。

「我買進熱門股之後，只要跌價就會認賠出場。休息一陣子後，再次買進熱門股，又再次認賠出場，就這樣一直重蹈覆轍。」

阻斷這個惡性循環的，是在某次認賠後，聽從別人建議買進其他股票，才終於等到股價上漲，賺到一筆價差。「我發現自己以前買進與賣出的時間點都錯了。」

為了掌握更好的買賣時間點，他運用專為日本當沖客提供股票資訊的網站「Kitchen Kaboo」，學習以股價線圖技術分析為基礎的短期買賣手法。除此之外，也學習了另一套「**MM 法**」，這是由已故前

如何不在股價下跌時虧錢？

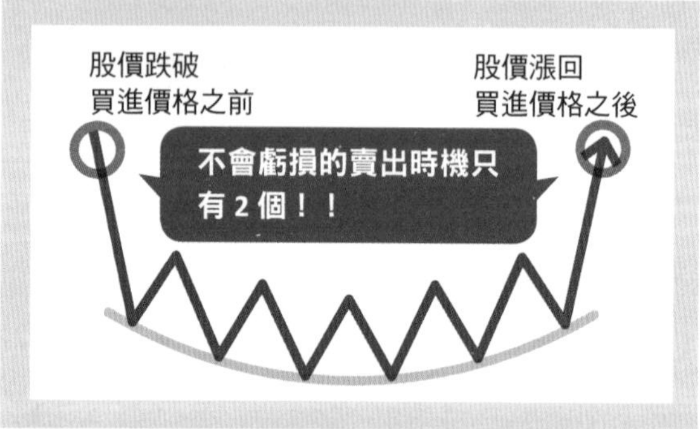

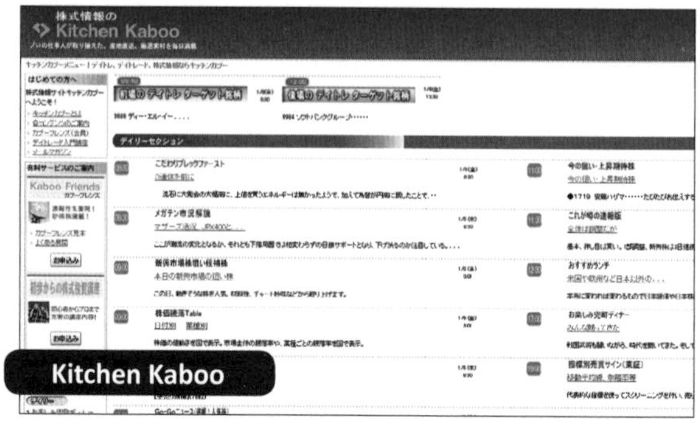

「Kitchen Kaboo」的首頁，使用者可以透過各個投資專欄尋找飆股。

東京工業大學教授增田正美所開發的短期買賣手法。

MM法的核心是一種叫**「布林通道」**的指標，運用統計學的方法，根據過去的股價變動標示出「股價的上下幅度，大約會落在哪個範圍內」。基本上是用均線正負一σ（sigma）與二σ共四條線來標示，範圍在股價陷入膠著時會變窄；股價波動時會變寬。一般來說，股價大多會落在上下二σ之間。超過二σ的水準就是上限與下限的參考值。

經過一番學習後，萬野正大的操作成績也提升了。二〇〇三年，他辭去工作成為專職當沖投資者，全心投入分秒必爭的股市交易中。

不過在前公司主管的邀請下，他又重回職場，為當沖投資者的生活畫下休止符。這種情況下不可能成天待在電腦前盯盤，只好轉換成波段操作或部位交易。

嘗試過各種方法後，他建立了一套投資法，配合股票的特性將持有期間分成「中短期」「長期」「超長期」三種。

萬野能夠靠股票將資產增加至二十億日圓，都是因為他努力實踐這套「不敗投資法」。

贏家與輸家的勝率相同

萬野認為：「買股票賠錢的人與贏錢的人，勝率其實沒差多少，一樣都是三成左右。真正造成差異的關鍵，在於其餘七成是否會造成虧損。」

他強調，投資者應該努力避免賠錢，以「十戰三勝七平」為目標。

「股價的變動基本上只有兩種，不是上漲就是下跌。股價如果在買進後上漲的話，賣掉就可以了，問題是下跌時要怎麼辦。」

萬野表示，股價下跌時的賣出時機只有兩個：一是在跌破買進價格之前；二是在跌破買進價格，然後再度漲回買進價格之後。

「在股票上賠錢的人，都是因為在股價跌破買進價格時，等不到股價再度回升就賣掉，才會造成損失。」

投資手法的變化

1999年	用1,500萬日圓的本金開始投資日本股票。想買黑馬股卻一再投資失利，操作資金減少到300萬日圓。
2002年	透過股票資訊網站，學習並實踐以技術分析為基礎的短期買賣手法。另外也採用以布林通道為基礎的投資手法。
2003年	辭去工作，成為專業的當沖投資者。
2004年	重新就職，從當沖轉換成波段操作或部位交易，以股市落底時買進不易跌價股票的投資法為主。
2011年	金融資產突破1億日圓
2012～2015年	在安倍經濟學行情助攻下，持股大幅上漲。金融資產擴大到約17億日圓。
2016年	從年初的混亂行情判斷上漲趨勢已結束。賣掉超長期持股以外的股票，把九成的金融資產變現。金融資產達到20億日圓。

按照股票特性，將持有期間分成3組

1. 定期追蹤股票資訊網站專欄，尋找短期或中期有望上漲的股票 ➡ 短、中期持有
2. 因為景氣循環或國家政策造成需求增加，預期業績會成長或股價會上漲的股票 ➡ 長期持有
3. 配息或優待的合計殖利率高（理想是10%以上）、優待贈品相當實用的股票，或是成長可期的優待股 ➡ 超長期持有

金融資產的變化

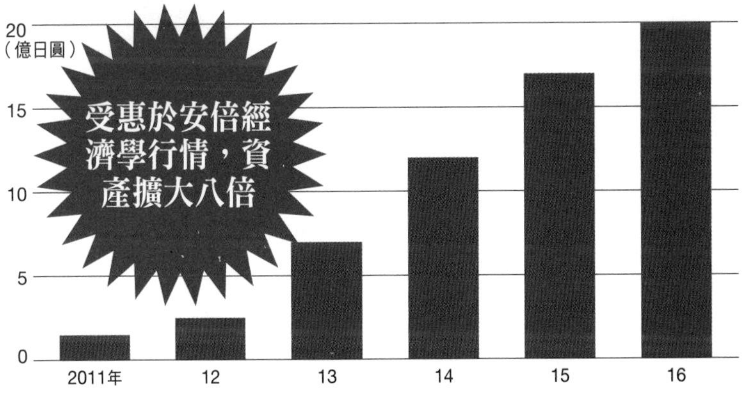

主要的超長期持股

股票名稱（市場・代號）	股價（最低優待取得金額）	合計殖利率（分紅＋優待）
Honeys（東1・2792）	1,076 日圓（1 萬 760 日圓）	6.49%（1.85 + 4.64）
VT控股（東1・7593）	554 日圓（5 萬 5,400 日圓）	75.08% 以上（2.88 + 72.20 以上）
DD控股（東1・3073）	1,528 日圓（15 萬 2,800 日圓）	3.39%（0.78 + 2.61）
創造餐飲控股（東1・3387）	991 日圓（9 萬 9,100 日圓）	7.36%（1.31 + 6.05）
Colowide（東1・7616）	1,897 日圓（94 萬 8,500 日圓）	2.36%（0.26 + 2.10）
正榮食品工業（東2・8079）	2,249 日圓（22 萬 4,900 日圓）	——
VIA控股（東1・7918）	1,088 日圓（10 萬 8,800 日圓）	5.04%（0.45 + 4.59）
WDI（JQ・3068）	1,415 日圓（14 萬 1,500 日圓）	2.82% 以上（0.70 + 2.12 以上）

股票名稱（市場・代號）	股價（最低優待取得金額）	合計殖利率（分紅＋優待）
Atom（東2・7412）	724日圓（7 萬 2,400 日圓）	3.03%（0.27 + 2.76）
Leopalace21（東1・8848）	632 日圓（6 萬 3,200 日圓）	——
Tenpos Busters（JQ・2751）	1,855 日圓（18 萬 5,500 日圓）	4.68%（0.37 + 4.31）
j-Group控股（MOTHERS・3063）	836 日圓（8 萬 3,600 日圓）	5.13%（0.35 + 4.78）
Yamaura（東1・1780）	585 日圓（5 萬 8,500 日圓）	5.97%（0.85 + 5.12）
Bic Camera（東1・3048）	1,056 日圓（10 萬 5,600 日圓）	3.97%（1.13 + 2.84）
Japan Hotel REIT 投資法人(東證・8985)	7 萬 9,100 日圓（79 萬 1,000 日圓）	——
Helios Techno控股（東1・6927）	582 日圓（58 萬 2,000 日圓）	——

註：優待殖利率是以最低優待金額／最低優待取得金額（可以獲得股東優待的最低股數 × 股價）計算。
——為無從得知優待贈品的價格，因此無法計算合計殖利率

讓金融資產大幅增加的主要持股

DD 控股（東 1・3073）

股價（單位）	股價淨值比（實績）	本益比（預估）	總市值
1528 日圓（100 股）	3.18 倍	21.1 倍	118 億 8,700 萬日圓

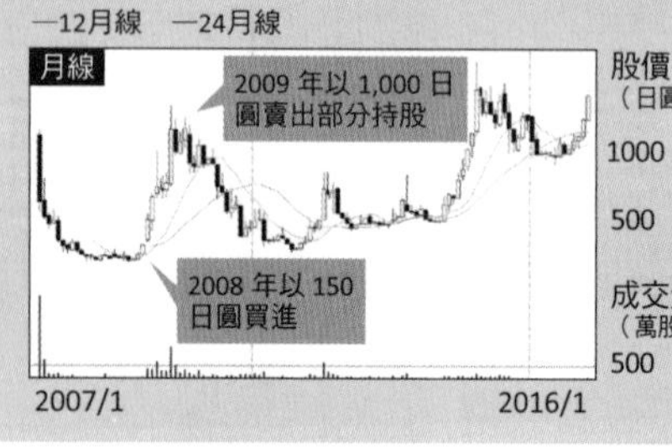

Takara Leben（東 1・8897）

股價（單位）	股價淨值比（實績）	本益比（預估）	總市值
580 日圓（100 股）	1.92 倍	6.9 倍	730 億 8,000 萬日圓

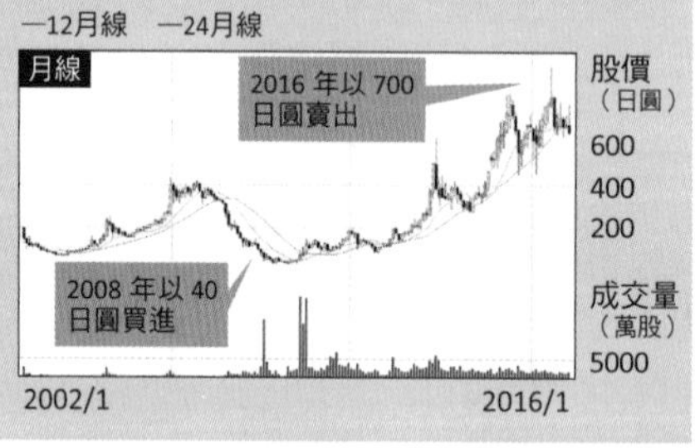

COLOPL（東 1・3668）

股價（單位）	股價淨值比（實績）	本益比（預估）	總市值
972 日圓（100 股）	1.93 倍	16.1 倍	1,231 億 8,600 萬日圓

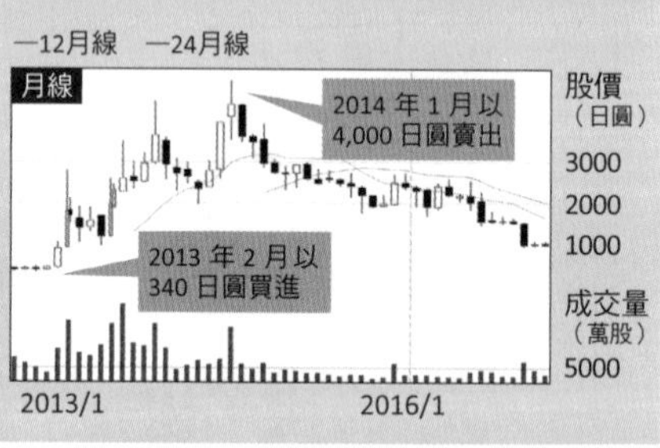

簡而言之，就是不要停損即可。為此，萬野認為必須遵守這項原則：「在不易跌價的時間，買進不易跌價的股票。」

也就是趁著大多數投資者都拋售時，買進有可能因為業績成長等原因而止跌回升的股票。「即使是業績好的成長股，一旦買在高點，跌價之後就很難回到買進價格。」

一年有二至三次的買進時機

根據萬野的說法，每年大概會出現二至三次大多數投資者紛紛拋售的局面。以二〇一六年為例，就是一到二月行情混亂時、六月二十四日英國脫歐投票結果出爐時，以及十一月九日美國總統選舉開票結果出爐時，日經平均股價指數都大幅下跌。

「看準這種局面，買進股價變便宜的成長股，然後在走勢再度大跌之前以高價賣出，這種買賣的時機最為關鍵。就算自己沒辦法判斷一檔股票是不是成長股，也可以透過股票資訊網站，或是個人投資者的社

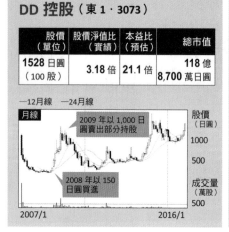

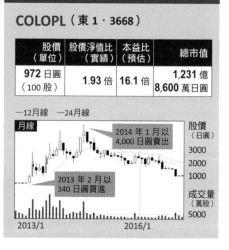

不敗投資法

短期持有的情況

買進 → 分 3 階段買進。

①日線圖的布林通道跌破－2σ時，買進一成

②月線圖的布林通道跌破－2σ，時加碼三成

③判斷到達最終的底價時，再加碼三成

賣出 → 日線圖的布林通道碰到＋2σ後，跌破＋1σ時賣出；當股價出現意料之外的波動時，也要立刻撤退。

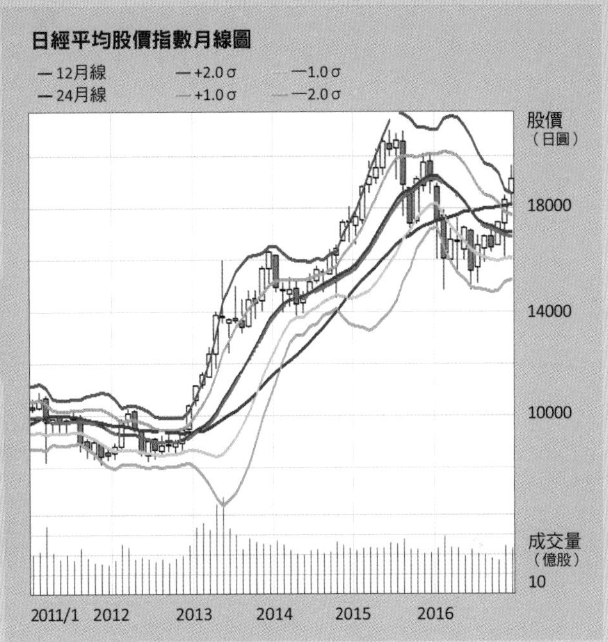

長期持有的情況

買進 → 25 日漲跌比率降到 60 以下，就進場。

賣出 → 25 日漲跌比率超過 150，就全部賣出。

漲跌比率 ＝ 上漲股票數 ÷ 下跌股票數 × 100

接下來的中長期投資標的

股票名稱（市場・代號）	股價（單位）	股價淨值比（實績）	本益比（預估）	總市值
Pressance Corporation（東1・3254）	1,373 日圓（100股）	1.40 倍	7.8 倍	845 億 9,500 萬日圓
Open House（東1・3288）	2,656 日圓（100股）	2.33 倍	6.7 倍	1,525 億 1,000 萬日圓
Dualtap（JQ・3469）	1,569 日圓（100股）	1.49 倍	8.2 倍	17 億 5,300 萬日圓
Valuedesign（MOTHERS・3960）	4,145 日圓（100股）	7.98 倍	26.9 倍	60 億 2,000 萬日圓
Yoshicon（JQ・5280）	1,250 日圓（100股）	0.60 倍	4.4 倍	100 億 3,700 萬日圓

群媒體去調查。」

在評估買賣時機上，他所運用的指標是**布林通道**及**漲跌比率**。漲跌比率是指上漲股票與下跌股票的比率，可以用來判斷個股或整體市場價格是高還是低。

二〇一六年一月，日經平均股價指數跌破布林通道以下二個σ，他判斷安倍經濟學帶動的上漲趨勢結束，便把所有股票都賣掉，只留下為了股東優待而買進的超長期持股。結果現金比例提高到操作資產的九成之多。

然而在當年十一月的美國總統大選後，日經平均股價指數上升到接近向上二個σ的線，一下子變成上漲趨勢。他認為價格已經過高，不應該買進。

因此，他針對當時剛上市、業績正在成長，但股價還算便宜的股票，列出了一張長期持股候選清單，想等到下次暴跌時，趁股票齊跌再買進（如上方的中長期標的清單所示）。直到現在，他也持續伺機而動，瞄準最佳的買賣時機。

眾多散戶追隨的聰明投機者

name

山崎和邦

（70 幾歲．東京都）

職業	兼職投資者
投資資歷	55 年
金融資產	約 5 億 4,000 萬日圓

information

簡介
付費電子周刊《投機的風範》

著作
《投資常勝軍的習慣》（*投資で勝ち続ける賢者の習慣*）

網站
山崎和邦官方網站
http://yamazakikazukuni.com/

山崎和邦是武藏野學院大學研究所特聘教授，他運用股票及外國債券，親自操作五億四千萬日圓的資金，並每周固定發行付費電子周刊，分享投資資訊。他的投資手法非常明快，就是在靠近大底的地方買進，靠近天花板的地方賣出。雖然無法準確預測天花板與大底的位置，但他提出了五大重點，幫助投資者掌握大致的頭底範圍。

掌握頭底的5大重點

1. 在買賣拉鋸的情況下，出現行情震幅小，連續多日盤整的情形
2. 前一次大底圈股價的2～2.5倍是天花板圈；前一次天花板圈股價的0.4～0.5倍是大底圈
3. 東證1部總市值在個人庫存現金與銀行存款的六成以上是天花板圈；四成以下是大底圈
4. 東證1部的總市值在名目GDP的1.2倍以上，是天花板圈
5. 普遍看漲是天花板圈；普遍看跌是大底圈

其中第三點由他發明，稱為**山崎指標**：當個人庫存現金與銀行存款超過東證一部總市值六成以上，就判斷來到天花板圈，四成以下則是大底圈。

第四點是巴菲特提出的「**巴菲特指標**」，也就是以股票總市值的變動與名目GDP（國內生產毛額）成比例為前提，從與名目GDP的乖離率來判斷股價是否過高。

他認為無論哪一檔股票，要從大底圈到天花板圈，價格都得上漲二至二．五倍。基本上選哪檔股票都無所謂，但最好是自己熟悉而且簡單的股票，例如**豐田汽車**、**日立製作所**、**三菱重工業**等大型股。

「能夠在漲到二倍或二．五倍時賣掉就該滿足了。有些人就是因為妄想五倍、十倍，才會失敗。」

他的投資法就是買在大底圈，然後賣在天花板圈，但中間並不是什麼事情都不必做。「必須用一到二成的投資資金持續買賣，一直待在市場裡，才不會失去方向感。」此外，股價淨值比跌到〇．五以下，但沒有破產疑慮的股票，也可以放心買進。

他在六十日圓的價位買進日本COKE工業，後來漲到一百一十日圓就賣出了。這家公司的大股東是製鐵公司與綜合商社，同時也都是COKE工業的大客戶。對日本製鐵來說，COKE工業更是不可或缺的存在，確實不太可能破產。

以下將收錄山崎的精彩訪談，一起了解他的投資祕密吧。

日本COKE工業的前五大股東

	股東名稱	比率
1	新日鐵住金	21.7%
2	住友商事	21.7%
3	那須功	3.6%
4	神戶製鋼	3.1%
5	日新製鋼	1.5%

日本COKE工業（東1．3315）

股價（單位）	股價淨值比（實績）	本益比（預估）	總市值
111日圓（100股）	0.78倍	18.5倍	335億6,000萬日圓

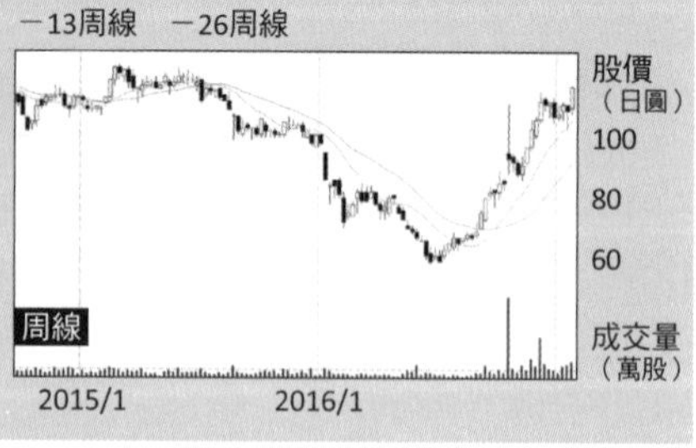

interview

想要穩穩賺取價差，
就該看準「不會再跌的股票」

開始投資前該有的心理準備

- **決定自己的生活方式** ▶ 想過清心寡欲的生活？還是想要財富自由？
- **實踐規律的日常作息** ▶ 戒掉浪費壞習慣，努力節約
- **不要貿然開始投資** ▶ 進行模擬交易，每天記錄成績

致勝法則一

掌握上漲趨勢

當市場不看好、政策大幅改變時，就是買點

point 上漲的標準是二倍

Q：如果想避免慘賠，需要注意什麼事呢？

在進入方法論前，我想先強調幾項心理準備。首先要釐清自己為什麼需要錢，以及養成規律生活習慣，戒除浪費。此外，累積模擬體驗、不要貿然開始交易，這些也很關鍵。

Q：這麼做的用意是要讓情緒冷靜，時時保持謹慎嗎？

沒錯，這是避免承受巨額損失的必要素質。

接著就看看方法論吧！第一是掌握上漲趨勢。這五十年來，日本股市平均發生六次上漲兩倍以上的大趨勢，平均八年會發生一次。一九九〇年到二〇〇三年的十三年間，是泡沫崩壞後的異常期，如果把這排除在外的話，就是三十七年發生六次，平均六年就會有一次大趨勢到來。我接下來的退休人生預計還有二十年，大約會再發生三次大趨勢。

如果能夠搭上大盤的漲勢，就沒有選股的必要。以現在來說，只要買進ETF即可。

Q：您如何判斷起漲點呢？

答案很簡單，正如同左邊列出的「投資格言」，就是在市場普遍不看好的時候。關鍵就在於「自己也必須要不看好」，這是很重要的訊號。當別人感到悲觀，但我覺得還會再上漲的時候，我是不會出手的。

Q：自己也不看好，卻還要買進，這必須具備勇氣吧？

除了勇氣，還有冷靜與慎重的心態，先買進一點點來觀望。如果覺得不會再跌了，就再加碼。投資的基本原則就是低買高賣。只要買進不會再下跌的股票，就很容易賺錢。不過誰也不曉得什麼時候會探底，所以才要稍微觀望一下。即使上漲，大盤平均的天花板就是漲二到二．五倍，千萬不可以貪心。個股則是以上漲二倍為標準。

格言

若滿山遍野皆看跌，就該一股腦買米去。

過去50年內發生的大趨勢案例

時期	日經平均股價指數的範圍	不看好的題材
1967年12月～1970年4月	1,250.14 ▶ 2,534.45日圓	英鎊危機
1971年11月～1973年1月	2,224.52 ▶ 5,359.74日圓	尼克森震撼
1982年10月～1985年7月	6,849.78 ▶ 1萬3,040.10日圓	全球經濟蕭條
1986年10月～1989年12月	1萬5,819.55 ▶ 3萬8,915.87日圓	日圓升值蕭條
2003年4月～2006年4月	7,607.88 ▶ 1萬7,563.37日圓	里索那控股銀行陷入財務危機
2012年11月～2015年6月	8,160.01 ▶ 2萬569.87日圓	核電廠問題、1美元＝80多日圓的日圓升值

致勝法則二
大型股的危機就是轉機
只要沒有破產危機，就趁拋售潮撿便宜

point 看透壞消息的本質

Q：您如何操作個股交易？

我會鎖定具有影響力及長久歷史的股票發生危機的時候，因為歷史悠久的企業有克服危機的經驗和資源，破產風險不大，例如東芝。過去光學與成像公司OLYMPUS爆出財務醜聞時，我也趁著股價下跌買進。

二〇一五年，東芝爆發財務問題。根據各家媒體報導，此案是出於會計處理不當而非舞弊，因此我判斷東芝不會下市。即使真的面臨下市命運，也不是攸關企業命脈的技術問題，而是部分高層的會計醜聞，因此我認為還是有可能再上市。OLYMPUS也一樣。

東芝股價很少低於日立製作所股價的一半。二〇一五到二〇一六年，出現了難得一見的低價位，因此我就趁著這個時機進場，最後漲了大約二倍。

東芝與日立的股價比較

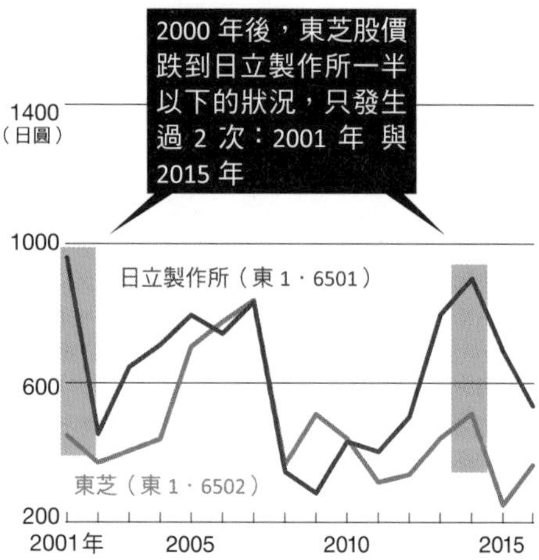

Q：三菱汽車當年也爆出醜聞對吧？

從大股東結構來看，三菱汽車破產的風險很小，但因為是技術面的醜聞，所以我沒有買進，而且他們犯了很多次錯，歷史再悠久也不能買。

Q：日本航空經營破產時，您怎麼因應？

原則上我不買要清算的股票，但我當時還是在持續跌停期間，看準時機買進了。當持續跌停的股票在開盤的買賣股數完全一致時，按照經驗法則是要買進的，因為拋售潮已經結束，可能因為放空的回補而反彈。但這是投機性的交易，一般不建議這麼做。

致勝法則三
觀察大股東結構
危急時刻是否會出手救援

point 當心股價跌破面額

Q：您是否只會交易大型股？

即使不是大型股，但假如大股東名單中有大企業的話，我還是會買，例如日本COKE工業的大股東有新日鐵住金與住友商事；南海辰村建設的大股東有南海電氣鐵道的南海辰村建設，這兩檔我都有買。

這類公司就算陷入經營危機，大股東也會設法透過吸收合併等手段，不讓它們破產。假使業績不振，股價下跌，但只要破產風險低，也總會在某個地方止跌，意即股價會比較不容易再下跌。只要在這時進場，股價遲早會回升。

南海辰村建設的大股東

南海電氣鐵道	57.69%
住之江興業	4.06%
大林組	3.83%

註：2016年9月30日的資料

Q：如何判斷股價觸底呢？

業績不振的股票，我會參考「股價淨值比跌破一倍」等一般性指標。現在日本採用無面額股票，或許很難判斷，但面額也是一個基準。日本COKE是五十日圓，由於該公司股票會配息，不太容易跌破面額，因此我會看準股價開始接近五十日圓的時候。同樣面額的南海辰村建設股票則在二〇一二年跌到二十六日圓。因為是無配息的股票，所以有可能跌破面額。不過，只要沒有持續虧損、導致破產的疑慮，都還是可以交易。

Q：您不交易新創企業的股票嗎？

我不了解生技、醫藥、IT等領域的商業模式或技術，所以不碰這類型股票。即使買進了首次公開發行（IPO）的股票，也一定會在一上市就賣掉。

如何靠股票暴跌致富

name

內田衛

（40幾歲・關東地區）

職業	專業投資者
投資資歷	31年
金融資產	2億3,000萬日圓

information

部落格
內田衛的日日是投資
http://toyokeizai.net/category/uchida-hibikore

內田衛擅長中長期的逆勢投資。他開始投資股票時，剛好遭遇當時北海道拓殖銀行與日本長期信用銀行相繼破產，便大量買進面臨存續危機、股價大跌的財閥系統的信託銀行股票，並賺取了一千萬日圓的價差。

此後，只要有股票因負面消息出現拋售潮，他就會趁機買進，等股價回升再賣出，賺取莫大利潤。當三菱汽車爆出油耗數據造假而接受日產汽車支援時，他選擇大量買進。

「三菱汽車營收的八成來自海外，收益基盤並未動搖。經歷過去的醜聞後也能捲土重來，改善財務狀況，不像夏普或高田的本業皆有所動搖。我當時認為三菱汽車將重振旗鼓，因此決定採用逆勢投資。」

之所以投資三菱汽車，是因為他牢記著從過去經驗中得到的教訓。首先是二〇一一年爆發會計醜聞的OLYMPUS。

在問題爆發前，該公司股價是二千五百多日圓，後來一口氣跌到一千二百多日圓。他這時先買進一批。其後醜聞的內幕被揭發，原本是大股東的法人都釋出股票，股價於是跌得更深，內田在四百多日圓的底價圈加碼買進，等到股價回升至一千二百多日圓就全數賣出。

然而該公司股價後來繼續上漲，二〇一五年八月十二日更寫下五千零四十日圓的新高。他反省道：「早知道抱到業績恢復為止，就可以在二千五百多日圓賣出了。」

未實現損失達到五千萬，也要咬牙忍耐

前一次經驗帶來這一次成功。他看上了經營個別教育指導的Riso教育。二〇一四年二月，該公司爆出營收灌水的醜聞後，他開始以跌停價買進。後來股價跌到接近二百日圓，內田還是繼續加碼。雖然二〇一五年四月一度回到四百二十八日圓，但憑著OLYMPUS的交易經驗，他並沒有在這個時候賣出。其後股價再度下跌，二〇一五年九月更跌到一百六十一日圓。「看到未實現損失來到五千萬日圓，我內心很掙扎，但還是耐著性子抱住了。」

二〇一五年十月，該股脫離警示股名單後，業績也逐漸恢復，二〇一六年二月期開始睽違兩年重新配息。內田判斷「回到成長軌道」，便在二〇一六年九月中旬從四百八十日圓開始賣出，賣到四百八十五日圓為止，每個價位各賣五千股，總共賣三萬股，獲得三百一十萬日圓。手上繼續保留大約二十萬股，他預計等股價漲到五百日圓以上，再分批賣出。

三菱汽車的操作手法也跟Riso教育一樣，是他從英國決定脫歐的二〇一五年六月下旬開始慢慢逢低布局。耐心等待業績恢復，就是他的致勝之道。

三菱汽車（東1・7211）

股價（單位）	股價淨值比（實績）	本益比（預估）	總市值
680日圓（100股）	1.49倍	—	10,133億9,200萬日圓

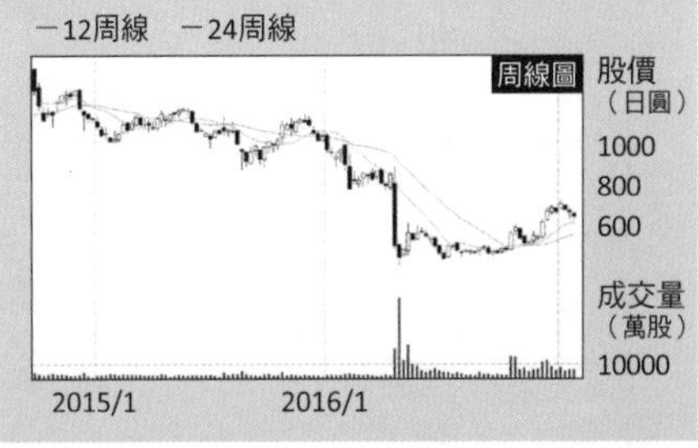

注：沒有本益比是因為預估2017年3月期財報為赤字

優待20選

股東優待是企業贈送禮券或產品給股東的制度。內田衛不僅精通逆勢交易，更擅長透過這項制度，吃喝玩樂全靠股東優待。以下是他從「一生持有」「適合年長者」「配息與股東優待穩定」「價格波動不大」角度分享的選股清單。

一生持有

家庭餐廳Atom（東2・7412）

現金殖利率 0.27%

股價 724日圓　最低投資金額 7萬2,400日圓

除權息月 3、9月　本益比 201.6倍

可以領到餐飲集團Colowide通用集點卡，是該集團中，優待殖利率最高的5.8%。持有100股，全年可得4,000點。

家電量販店Bic Camera（東1・3048）

現金殖利率 1.13%

股價 1,056日圓

最低投資金額 10萬5,600日圓

除權息月 2、8月

本益比 15.3倍

每持有100股，全年可得3,000日圓優待券。持有2年以上追加2張1,000日圓券，2年以上股東共有5,000日圓優待+配息12日圓，殖利率6.9%

電影院Tokyo Theatres（東1・9633）

現金殖利率 0.60%

股價 164日圓

最低投資金額 16萬4,000日圓

除權息月 3、9月

本益比 85.8倍

持有1,000股，全年可得八張電影招待券。另外串燒或餐酒館也有打折（10～20%）。包含家人名義的在內，每月用招待券觀賞的電影有10部以上。

衛星放送公司日本BS放送（東1・9414）

現金殖利率 1.67%

股價 1,074日圓　最低投資金額 10萬7,400日圓

除權息月 2、8月　本益比 13.0倍

持有100股，全年可得相當於2,000日圓的「Bic Camera家電商品券」。持續持有1年以上，則追加1張1,000日圓券。長期持有股東共有3,000日圓優待+配息18日圓，殖利率4.7%。

連鎖餐飲Kappa Create（東1・7421）

現金殖利率 1.50%

股價 1,328日圓

最低投資金額 13萬2,800日圓

除權息月 3、9月

本益比 54.8倍

可以領到Colowide通用集點卡，是Colowide集團3家上市企業中，優待殖利率次高的4.9%。持有100股，全年可得6,000（3,0002次）點。

吉野家控股（東1・9861）

現金殖利率 1.23%

股價 1,621日圓

最低投資金額 16萬2,100日圓

除權息月 2、8月

本益比 55.0倍

持有100股，全年可得6,000日圓的餐券。優待+全年配息20日圓，殖利率超過5%。其優惠也可以使用於旗下其他餐飲品牌如花丸、京樽、Steak-Don、沃克牛排等。

適合年長者

美容健康產品FANCL（東1・4921）

現金殖利率 3.79%

股價 1,530日圓　最低投資金額 15萬3,000日圓

除權息月 3月　本益比 15.5倍

持有100股，可選擇1或2項價值相當於3,000日圓的公司產品。不僅可選擇化妝品，也可選擇蔬果汁或鈣片等保健食品。

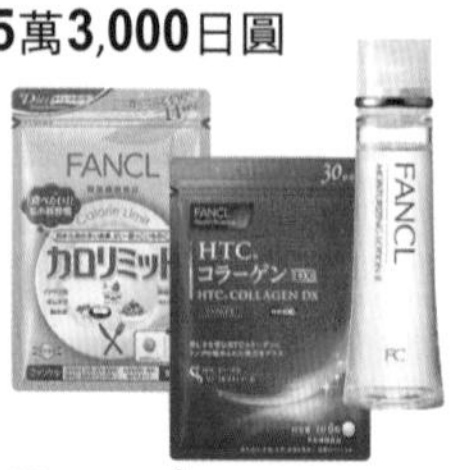

連鎖健身房Renaissance（東1・2378）

現金殖利率 1.67%

股價 1,552日圓

最低投資金額 15萬5,200日圓

除權息月 3、9月

本益比 12.5倍

持有100股，可得2張一年2次的健身房1日券等。「預防腰痛伸展」「瑜伽伸展」「鍛練瑜珈」等課程很受歡迎。

連鎖餐飲和民（東1・7522）

現金殖利率 0.44%

股價 1,123日圓　最低投資金額 11萬2,300日圓

除權息月 3、9月　本益比 219.3倍

持有100股，全年可得6,000日圓的優待券。沒有使用日期與張數限制。不僅可用於外食店面，也可用於「和民宅食（宅配便當）」。

園藝製品公司TAKASHO（JQ・7590）

現金殖利率 1.44%

股價 414日圓

最低投資金額 4萬1,400日圓

除權息月 1、7月

本益比 44.1倍

持有100股可用折扣價購買型錄商品。每年1月份時，持有200股以上最高可得市價1,000日圓的園藝製品、500股3,000日圓、1,000股1萬日圓。

附錄 豐富退休生活的股東

配息與股東優待穩定

水產公司丸羽日朗（東1・1333）

現金殖利率 0.95%

股價 3,135日圓 **最低投資金額** 31萬3,500日圓

除權息月 3月 **本益比** 15.0倍

持有100股，每年1次集團經銷商品5選1。如果全家5人都成為100股股東，可獲得5種優待品。

連鎖餐飲Skylark（東1・3197）

現金殖利率 2.48%

股價 1,530日圓 **最低投資金額** 15萬3,000日圓

除權息月 6、12月 **本益比** 16.3倍

持有100股可得500日圓2張2次的餐券（GUSTO、BAMIYAN、JONATHAN等餐廳皆可使用）。

五金、鎖具製造商ALPHA（東1・3434）

現金殖利率 2.57%

股價 1,163日圓

最低投資金額 11萬6,300日圓

除權息月 3月

本益比 —

從型錄食品或地方特產中選擇1項商品。持有100股可選擇市價1,500日圓商品，300股2,000日圓～。殖利率超過3%。

連鎖餐飲Coco's Japan（JQ・9943）

現金殖利率 1.22%

股價 1,965日圓

最低投資金額 19萬6,500日圓

除權息月 3、9月

本益比 21.7倍

泉盛集團3家上市企業中，配息與優待的合計殖利率最高。持有100股可獲得餐飲優待券1,000日圓2次、餐費5%折扣卡。壽喜家、Coco's、HAMA壽司等皆可使用。

價格波動不大

日糧製麵包（札・2218）

現金殖利率 —

股價 197日圓

最低投資金額 19萬7,000日圓

除權息月 3月

本益比 17.9倍

最近1年的股價介於168～200日圓之間。持有1,000股可獲得公司產品（市價2,000日圓的麵包或和菓子）。是只有在北海道（部分青森縣）販售的麵包與和菓子。

殯葬業Heian Ceremony Service（JQ・2344）

現金殖利率 2.39%

股價 961日圓

最低投資金額 48萬500日圓

除權息月 3月

本益比 9.6倍

最近3年的股價介於600～800日圓之間。持有500股可獲得1張5%折價優惠餐券與市價1,500日圓的餅乾、磅蛋糕、紅茶組合。

食品加工商石光商事（JQ・2750）

現金殖利率 2.84%

股價 352日圓

最低投資金額 17萬6,000日圓

除權息月 3月

本益比 54.2倍

2009下半年以後，股價介於300～400日圓之間。持有500股可獲得市價1,500日圓的公司產品（咖啡）；1,000股3,000日圓。

東急娛樂（東2・9631）

現金殖利率 1.00%

股價 794日圓

最低投資金額 79萬4,000日圓

除權息月 6、12月

本益比 15.0倍

近2年的股價介於700～850日圓。持有1,000股可獲得18點1年2次。2點可兌換109 Cinemas連鎖電影院1名，1點可兌換2局保齡球。

適合年長者番外篇

助聽器製造商RION（東1・6823）

現金殖利率 1.90%

股價 1,576日圓

最低投資金額 15萬7,600日圓

除權息月 3月

本益比 10.7倍

持有100股可獲得全日本通用餐券JFcard 500日圓～。還可獲得有60年以上歷史的「RION助聽器」10%折價券

殯葬業Nichiryoku（JQ・7578）

現金殖利率 2.98%

股價 251日圓

最低投資金額 25萬1,000日圓

除權息月 3、9月

本益比 14.2倍

持有1,000股可在購買佛壇或靈園時，獲得墓碑與工程款總計10%折扣。家族葬禮安置費用1晚（不含稅1萬2,000日圓）免費等。

Part2

特殊事件型投資者

利用特殊事件賺取收益

如何活用股市中的「特殊事件」來賺取財富？
本章將介紹四位運用優待股除權息、TOB（股票公開收購）、股價創新高、IPO（首次公開發行）等，
各種會影響股價的特殊事件，進行交易並累積獲利的投資者。

附錄 32名億萬投資家不藏私傳授
受用一生的投資書單與資訊來源
附錄
最強散戶贏家的每日check清單

註：股價與指數等數值基本上為 2017 年 2 月 3 日資料

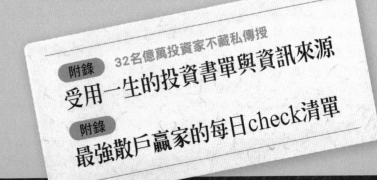

搶先布局的特殊事件型投資達人

name

夕凪

（40 幾歲・關東地區）

職業	專業投資者
投資資歷	約 **17** 年
金融資產	**1** 億日圓以上

information

推特帳號
@yuunagi_dan

網站
必勝投資研究所
http://www.geocities.jp/yuunagi_dan/

著作
《星巴克股票要買在一月！》（暫譯）

配合股東優待除權息日、TOB（股票公開收購）等特殊事件，趁著股價變動之前搶先布局，然後收割成果。夕凪（化名）靠著這套投資法，將三十萬日圓本金增加到一億日圓以上。

特殊事件投資可分成兩種：靠買進或放空賺取獲利。夕凪指出：「依據整體趨勢的狀況不同，也會影響到買進與賣空何者比較有效。」具體來說，「融資融券交易未實現損益率」的數值上升（損益改善）時，買進會比較有效；下降（惡化）時，放空會比較有效。

例如二〇一一年，融資融券交易未實現損益率長期惡化，「賣空公募增資」就是成績最好的特殊事件型投資。在增資消息公布後，夕凪看準股價開始下跌時賣空，等到公募價格確定時再買回。

發財全靠股東優待

夕凪最擅長的是「優待股布局投資」，也就是活用具有高人氣股東優待品的股票。優待股往往會吸引許多想要獲得優待品的投資者買進，所以越接近除權息交易日前最後一個營業日，股價越高，因此可以提早進場布局，等到接近除權息交易日前最後一個營業日就賣出。這樣雖然無法獲得優待品，但可以確實賺價差。

以日股為例，除權息基準日集中在三月底與九月底，很容易規畫買進時機。同樣地，十二月底是海外投資者、三月底是日本國內法人投資者最容易為了在決算期末提高持股的評價額而買進股票的時期，因此在那之前買進，也有機會獲得價差收益。

夕凪說：「從統計上來看，在二到三個月前買進，然後在除權息交易日前最後一個營業日的三天前賣出，能獲得最大的利益。」但具體來說，究竟該選擇什麼樣的優待股呢？他說：「與其事先預測哪些股票會漲，不如跟進已經開始漲的股票。」他的基本手法是，如果有優待股從除權息基準日的二到三個月前開始，股價逐漸突破這半年或一年來的最高價，就在那個時間點買進。

「股價如果震盪一陣子後突破新高，在線圖上來看是最好的形狀。開始上漲後，就算晚個一兩天買進，也還是來得及。最重要的是，不要買趨勢向下的股票。」由於他的策略屬於看到股價開始上漲就買進的順勢投資，因此當預測失準，股價開始下跌，就必須迅速停損。「如果跌破原先震盪區間的水準，就該趕緊撤退。」

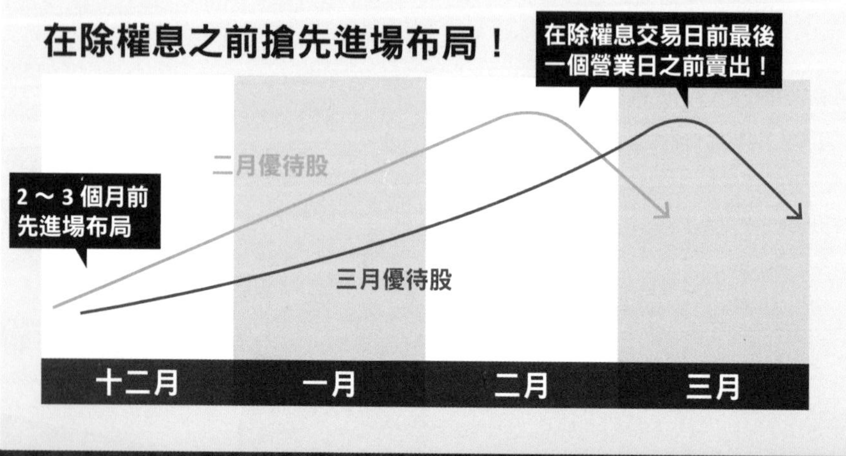

股價的變動走勢十分重要，而容易飆漲的股票也並不是無跡可循。夕凪簡單歸納：「外食、食品或化妝品等產業的飆漲傾向較強。」也就是說，股票的優待內容越受關注，就越適合這套提早布局投資法。

此外，上漲趨勢中的暫時下跌，也可視為買進的機會。「很多時候，當業績面傳出負面消息而下跌時，反而可以買進。因為優待股本來就不是根據業績做交易的股票，受負面題材的影響往往只是一時的。」

京濱急行電鐵（東1．9006）

股價（單位）	股價淨值比（實績）	本益比（預估）	總市值
1,297日圓（1,000股）	2.92倍	19.3倍	7,153億2,200萬日圓

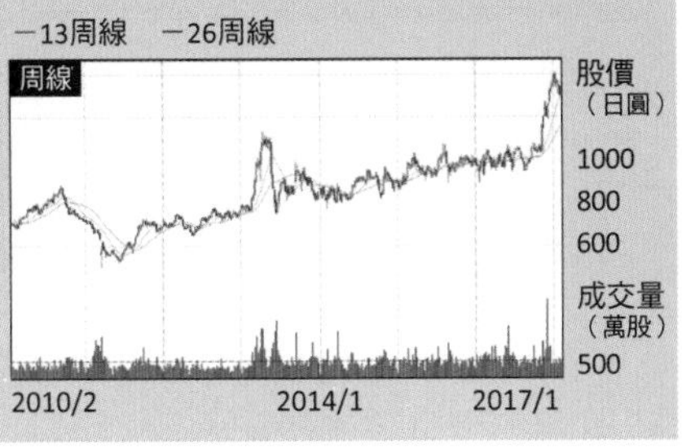

日立工機（東1．6581）

股價（單位）	股價淨值比（實績）	本益比（預估）	總市值
867日圓（100股）	0.79倍	20.4倍	1,067億400萬日圓

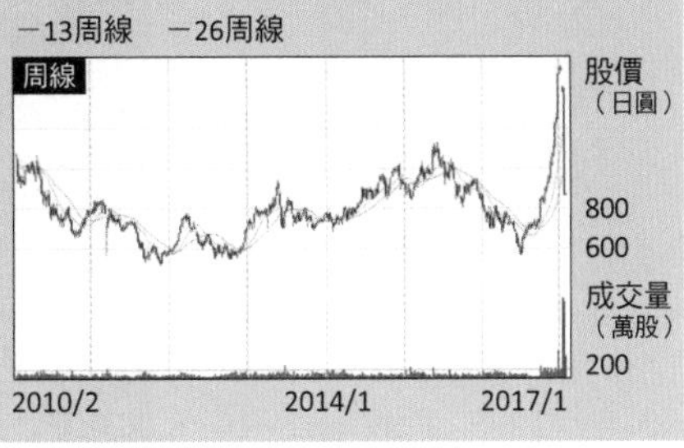

困難的是評估賣出時機。由於他採取的是順勢交易，因此即便出現很高的未實現利益，但只要還有賺錢，就會盡量持股到最後一刻為止。如前所述，賣出的時間點基本上是「三天前」，但有些股票會提早開始反轉向下，因此從一周前開始準備賣出，是最為理想的。

不過，這都是以股價一邊上下波動，一邊緩緩上漲的情況為前提。假如股價開始急遽上漲，不妨中途先撤退一次，這也是一種方法。

順勢投資的操作實戰

夕凪的特殊事件投資法，曾在二〇一六上半年的混亂走勢中遭遇挫折。當時，在二〇一五年底的封關交易中，美國標普五百指數的年度漲跌比率變成負值。夕凪認為，這代表「每逢西曆尾數五的年度，美國股票就會上漲」「總統大選前一年，美國股票會上漲」等根深柢固的迷信就此破滅。

二〇一六年初的日經平均股價指數連續六個營業日下跌，是戰後以來頭一遭。「因為陸續發生一些與我預期明顯不同的事，所以我決定暫時從市場中撤退。」

其後趨勢繼續下跌。在這種情況下，雖然可以透過漲跌比率等指標判斷股價是否跌得過低，但很難知道底部在哪裡。

這時，他選擇參考**齊藤比率**，這是一種運用了系統交易者齊藤正章手法的指標，只要短期內賣出過多股票，就會亮起買進訊號；當出現買進訊號的股票急速增加，代表整體股市就要打底完成了。實際上，二〇一六年二月十二日，有數十檔股票出現買進訊號，這時他就知道離打底完成不遠了。

二〇一六年八月下旬，他的現金占總操作資產的比例達到九成。此後他開始順勢投資，買在高點，賣在更高點。

「十二月時，大型股線圖一直向上突破，與安倍經濟學剛發動時完全一樣。上次我沒跟到趨勢，因此這次我買進大型股，希望股價一直漲下去。」

根據夕凪說法，過去日本股票通常會隨著美國升息一起上漲。這是因為只要美國景氣變好，消費活絡，日本企業也會連帶受惠。當時他認為，只要美國的保護主義能在川普的美國優先政策下更加強化，美國國內的景氣就會變好。觀察生活中可能影響市場的題材，提前布局，就是他的成功之道。

值得關注的訊號指標　注：▲為負數

齊藤比率

偏離5日線的乖離率	▲10%以上
且	
偏離25日線的乖離率	▲25%以上

滿足以上條件的股票越多，代表打底完成的可能性越高

股價創新高，正是絕佳機會

name

DUKE

（40 幾歲・關東地區）

職業	專業投資者
投資資歷	**13** 年
金融資產	數億日圓

information

推特帳號

@investorduke

網站

DUKE 衝浪投資

http://investorduke.blog.fc2.com/

著作

《創新高投資法》

（新高 ブレイク投資術）

二○一五年達成二億日圓的DUKE（化名），如今已辭去工作，成為專業投資者。從二○○三年開始投資的他，能夠晉升億萬富翁，都是靠著二○一二年採用的嶄新投資法。

他稱之為「創新高投資法」，是融合多位著名投資者的技術。他改良過去重視財務面的做法，先篩選出股價創新高的股票，再做財務分析，是結合線圖與財務分析的手法。

「股票投資就像選美，無論業績面再有魅力，其他投資者不賞臉的話，股價也不會上漲。」他注意到這件事以後，便開始關注股價創新高的股票。

關注企業的重大變革

創新高股票的定位是投資贏家資金率先投入的候選「領導股」，這些股票的變動有助於預測未來行情。被他定義為領導股的股票，資金往往會在趨勢調節時率先出逃，因此他會以這作為需要留意的訊號來研擬對策。

找到創新高股票以後，他會立刻進行企業分析。以前還是上班族時，分析作業都得在下班回家後才能進行，有時還會研究到半夜二、三點才就寢。

以成長股投資為目標的他，最關注的重點是這家公司「日後是否會因新產品或新業務而有重大變革」。他不碰半導體等不熟悉的產業，主要投資標的都是外食、服務業、不動產等容易理解的企業。

在業績面上，他會觀察最近一季的經常利益是否比去年同期至少高出二○%；以及第一季的經常利益成長率是否比企業預期還高。另外，他也會關注這一季的經常利益成長率是否大於上一季的企業。

由於他非常重視經常利益的成長，因此採用「總市值除以下一期預估經常利益的倍率」，取代以每股盈餘為基準的本益比，作為衡量股價水準的指標。

透過這種企業分析，找到有力的股票後，他就會在隔天開盤時以市價買進。不過一開始只會投入五分之一的預算觀望，之後如果股價或企業經營按照他所預期的方向前進，就會慢慢增加持股。鎖定的時機是股價確定進入箱型區後，接近箱型區內的最低價；或是突破箱型區的時候。

鎖定箱型區的下限或向上突破時機

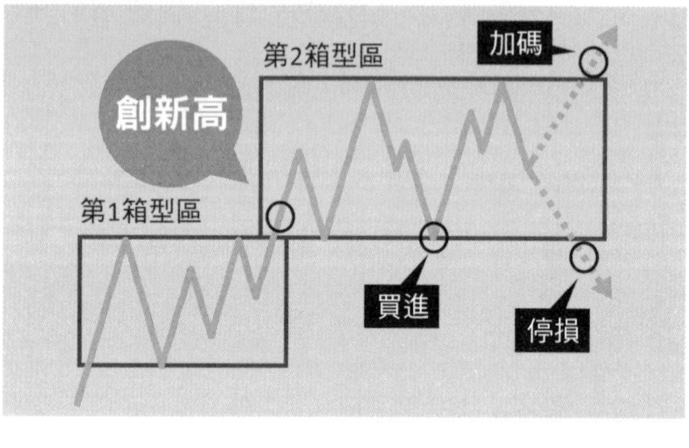

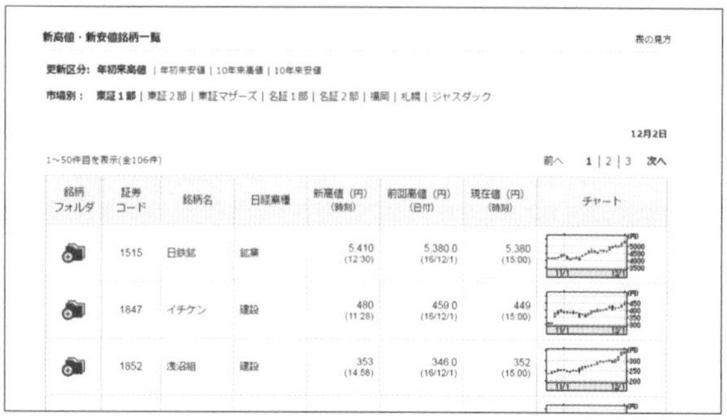

新高値・新安値銘柄一覧　表の見方

更新区分：年初来高値｜年初来安値｜10年来高値｜10年来安値

市場別：東証１部｜東証２部｜東証マザーズ｜名証１部｜名証２部｜福岡｜札幌｜ジャスダック

12月2日

1～50件目を表示(全106件)　前へ　1｜2｜3　次へ

銘柄フォルダ	証券コード	銘柄名	日経業種	新高値（円）(時刻)	前回高値（円）(日付)	現在値（円）(時刻)	チャート
	1515	日鉄鉱	鉱業	5,410 (12:30)	5,380.0 (16/12/1)	5,380 (15:00)	
	1847	イチケン	建設	480 (11:28)	459.0 (16/12/1)	449 (15:00)	
	1852	浅沼組	建設	353 (14:58)	346.0 (16/12/1)	352 (15:00)	

在股票資訊網站上，可以確認當天股價創年初以來新高的股票，然後從中尋找自己喜歡的「創新高股票」進行企業分析。

絕不輕易增加持股

股價不如預期般上漲的話怎麼辦？舉例來說，股價新高是五百日圓時，假設一度上漲又跌破五百日圓的話，這檔股票就要停損。他的投資方針是「絕不逢低買進」，就算股價跌到買進價格以下也不會加碼。加碼買進的時機，只限於股價如預期般上漲，也就是代表他判斷正確的時候。

堅持「投資自己了解的東西」。為了精進自己的投資成果，他還會親筆寫日記。此外，他不僅會將新聞報導貼在筆記本上加以整理，更會印出股價線圖，把自己注意到的重點寫上去，這樣印象會更深刻。長久下來，就可以找出投資行為中可以進一步改善的地方。

買進股票以後，他會根據線圖的動向來判斷要不要獲利了結，同時也會翻開日記確認當初買進的理由。這樣就可以清楚知道「為什麼要賣出」，釐清的投資邏輯。

他最具代表性的成功案例，是股價在二〇一六年三月到五月，從一千多日圓飆漲到一萬五千多日圓的電商營運顧問公司**博設技**。當時投資者對於即將發表的手機遊戲非常期待。

強勢股的股價箱型區會一路堆疊上漲。他按照這套「箱型理論」（參考右頁圖表），在箱型區的下限買進。之後每當股價突破新高就增加持股，直到股價在同年五月抵達高峰後，在急跌時全數賣出。總共賺取約一億日圓的獲利。

如前文所述，DUKE很重視未來是否可以預見企業重大的改革。以剛才博設技的手遊來說，雖然事前滿懷極高的期待，但「結果揭曉後發現，也算不上是什麼重大改革。現在已經不再投資了」。

保持謹慎，一樣可以創造獲利

對於未來，他其實抱持著相當謹慎的看法。以二〇一六年的川普行情為例，當時每天約有一百五十檔至兩百檔股票創下年初以來的新高價，對於他的投資法而言，是非常理想的環境。但他在當時就已經預見：「美國總統的交接絕對會是一大轉折點，必須謹慎預測接下來會採取什麼樣的政策、對市場會有什麼樣的影響才行。」

他從二〇一六年初開始就採取謹慎的態度，只用一半左右的資金進行投資。「如果二〇一七年日經平均股價指數能夠突破二〇一五年將近二萬一千日圓的紀錄，那還另當別論，但只要沒有突破，我就會繼續保持警戒。」即使如此，股價創新高的股票動能還是很強，因此他認為還是有辦法充分創造獲利。

他日後將繼續關注的類股是金融股，因為可以預料到，對於美國或日本的金融政策變化，股價的反應會相當明顯。

他在二〇一六年注意到一家外匯交易公司的小型股並進場投資。「當趨勢波動變大時，個人的外匯交易量會增加，因此外匯交易公司的收益會成長。如果能持有外匯交易公司的股票，也可以在趨勢波動很大時，達到避險的效果。」

買股票前的重要步驟

1 關注創新高的股票

把創新高的股票列為
贏家資金流入的候選「領導股」，
同時列入投資標的清單。

2 立刻開始進行財務分析

找到候選股票之後，即使是平日，
也會馬上進行企業分析。
特別留意企業是否有望出現「重大變革」。

3 一旦決定就迅速以市價單買進

一旦認為可以買進，就在隔天開盤時以市
價買進。一開始先投入五分之一的預算，
觀望之後，如果盤勢不錯的話再加碼。

看準股票成長的徵兆，一年內資產翻倍

name

v-com2

（30 幾歲・千葉縣）

職業	兼職投資者
投資資歷	14 年
金融資產	約 1 億日圓

information

部落格
21 世紀投資
http://ameblo.jp/v-com2/

著作
《靠有望升格的優待價值股賺到 1 億！》（暫譯）

從東證二部或JASDAQ等新興市場的便宜股票中，買進將來有望升格東證一部的股票。兼職投資者v-com2（化名）自從採用這套投資法以來，操作成績便有所改善。他用一年時間將資產翻倍，在二〇一五年七月達到一億日圓。

之所以著眼於「有望升格東證一部」的股票，是因為一旦升格，就會產生納入TOPIX（東證股價指數）的需求。只要有企業公布升格一部的消息，股價很容易因此大漲。

如何發現升格的預兆呢？

v-com2非常關注「升格一部的三大要素」，也就是①股東優待的新增與擴充、②股票分割、③場外分賣。只要企業實施其中任何一項，就視為「想要積極升格一部的表現」。

代表性成功案例是二〇一五年十月公布升格一部消息、經營商業店鋪企畫製作的**Luckland**。他初次買進是在二〇一三年十二月，當時還屬於東證二部，後來股價一路上漲。截至公布升格消息後，直到抵達巔峰的二〇一五年十二月初為止，股價已經漲了四倍以上。期間他透過獲利了結和增加持股等方式，光這檔股票的交易，就累積約一百萬日圓的獲利。

從題材出現後到實際升格為止，究竟該以長期的股價大幅上漲為目標，還是該以短期的一次性上漲為目標？對此，v-com2並沒有特定的規則。

有些企業在升格一部前，會把三大要素都執行一遍，有的則是反覆執行同一個要素，形式不一而足。之所以會把三大要素視為意圖升格一部的積極表現，是因為每一項都會增加股東人數。

升格一部必須滿足一些條件，其一是「股東人數在二千二百人以上」，尤其如果想拿優待品的投資者逐年增加，優待品也逐年強化的話，自然可以期待該檔股票的粉

看準「有望升格 1 部標的」投資法

v-com2 認為

升格 1 部的 3 大有力要素

1 股東優待的新增與擴充

2 股票分割

3 場外分賣

貢獻

貢獻

東證 2 部等市場的股票一旦升格東證 1 部，就會創造法人投資者買進的需求，例如操作 TOPIX 連動型指數的投信或年金基金等，因此可以期待股價上漲。趁著此時搶先布局，以賺取價差。

升格東證 1 部的主要條件（從東證 2 部升格的情況）

股東人數	2,200 人以上		
在外流通股數	在外流通股數　2 萬單位以上 在外流通股數總市值　20 億日圓以上 在外流通股數（浮動股）比率　35%以上		
交易量	在申請當月的前 3 個月，以及在那之前的 3 個月，月平均成交量在 200 單位以上		
總市值	40 億日圓以上	單位股數	100 股

註：除此之外還有淨資產額、利潤額、有無虛假記載等各種要件。

Riskmonster（東2・3768）

股價（單位）	股價淨值比（實績）	本益比（預估）	總市值
892日圓（100股）	0.85倍	16.7倍	35億9,300萬日圓

第一交通產業（福證・9035）

股價（單位）	股價淨值比（實績）	本益比（預估）	總市值
1,528日圓（100股）	0.73倍	6.0倍	299億6,900萬日圓

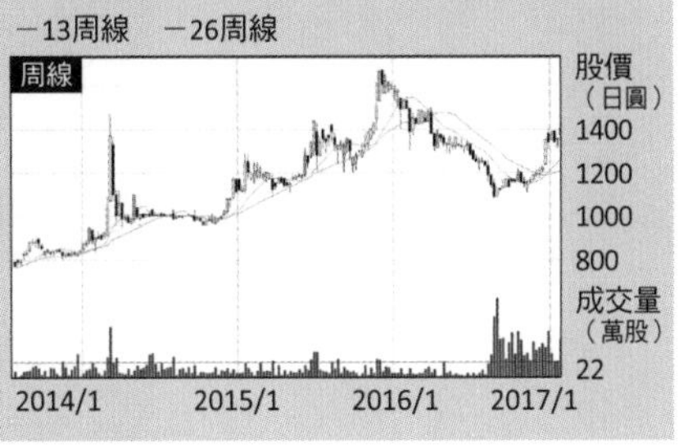

絲增加。至於股票分割，也能夠降低最低買進金額，讓更多人可以輕易買進那檔股票，這些都是能夠增加股東人數的要素。

場外分賣是將創業者等大股東的持股，按事先決定的價格賣給投資者。由於會有大量股票出售到市場上，因此也有人認為這會成為需求減緩、股價下跌的主因。不過藉由增加股東人數提高流動性，會帶來正面效果。此外，包含股票分割在內，他認為這會是構成升格條件中流通股數增加的題材。

在三大要素之外，他也會留意東證二部的掛牌期間，藉此推算升格的時機。由於升格一部需要符合「在二部掛牌一年以上」的條件，因此只要有個股實施了三大要素中的任何一項，並且剛好符合這項條件，他就會多加留意。

活用「恐慌性拋售」

二〇一六年，他的投資陷入苦境。在行情混亂的一月到二月，暫時性損失與年初相比達到負一八%，「我趁恐慌性拋售潮買進股票，等股價上漲後，才總算讓損失減少。」

所謂恐慌性拋售，是指投資者陷入恐慌，大量拋售股票的現象。「引發恐慌性拋售的關鍵，是融資融券交易者拋售股票的行為。要察覺到這個現象，必須注意兩件事情。」

一是投資者靠融資融券交易買進股票的未實現損益率，也就是信用評等損益率，當數值來到負二〇%以下，即是基準；另一件事是開盤三十分鐘內的交易情形。如果出現大量的市價單，而且股價跌停的股票很多，就是一個訊號。

這個對策順利奏效。與年初相比，操作成績在十月達到正二・八%。不過像Star Mica等因為期待升格東證一部而買進的股票，大多都已經因為川普行情而漲得過高了。股價還沒上漲的股票則往往風險較大，可能業績不振。其中缺點較少且股價較便宜的股票，有第一交通產業與Riskmonster。

他說：「偶爾還是會意外發現值得買進的股票。我希望自己不要因為太過謹慎而錯過這些標的。」

看準有望升格的股票，判斷正確就能賺大錢！

2015 年 10 月升格東證 1 部的 Luckland 股價變動

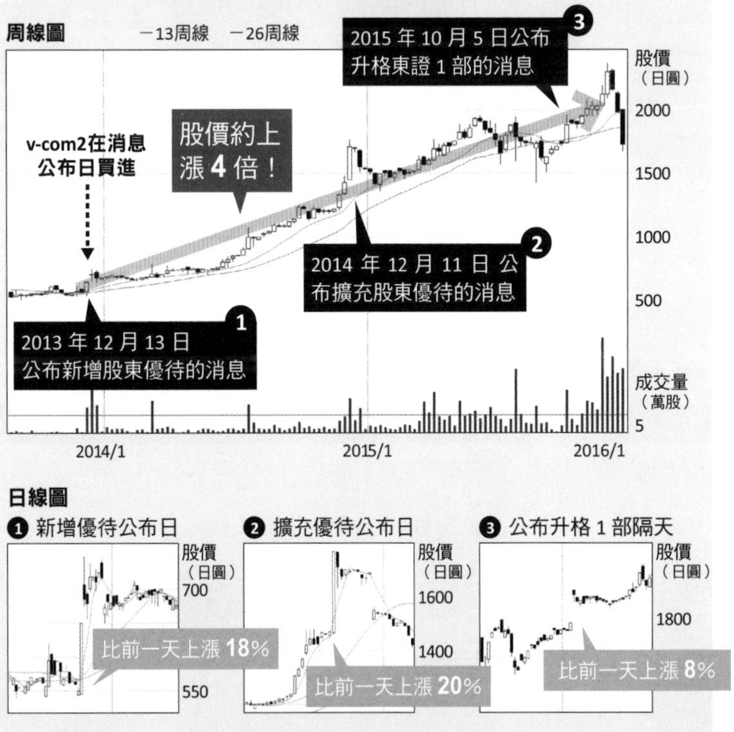

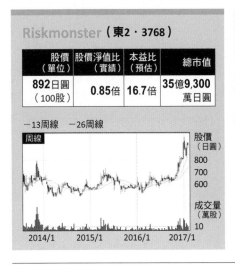

擁有七十個帳戶的IPO獵人

name

JACK

（40幾歲・東京都）

職業	兼職投資者
投資資歷	20年以上
金融資產	約2億日圓

information

推特帳號
@jackjack2010

部落格
關於 Jack 的股票、外匯與不動產
http://www.jack2015.com/

著作
《百人百色投資法》（暫譯）

當過調酒師、補習班講師的JACK（化名），將他在各種職業中培養的資訊蒐集與談判能力運用在投資上。目前身為上班族的他，不僅投資股票，也從事不動產投資及外匯保證金交易，累積二億日圓以上資產。

靠特殊事件進行交易

JACK最擅長以企業IPO（首次公開發行）等特殊事件為對象的「IPO投資法」，而且還不是普通的規模。為了事先向證券公司買進即將IPO的企業股票，他開立多達七十個帳戶。之所以開這麼多帳戶，是因為在下單股數多於發行股數的情況下，必須抽籤決定，如果沒抽中的話就無法取得股票，於是他開了七十個帳戶，以提高中籤機率。

此外，他不只會在新上市企業的上市價格高於發行價格時，賣掉股票賺取價差，還會做「二次投資」，也就是在股價跌破發行價格後重新買進，等到股價反彈上漲，再獲利了結；或是投資新上市企業的關係企業及主要交易對象的股票，以賺取連帶利益。

包含二次投資在內，在等待跌價股票反彈的逆勢投資中，他最重視的就是分批買進。他會觀察過去的股價區間，判斷低點水準後再買進，但一開始最多只會投入三分之一的資金。透過分批買進，避免「一買就大跌」的風險。

「反向限價」也是他活用的手法之一。反向限價與一般限價單指定「跌到多少就買進」或「漲到多少就賣出」的概念相反，是指定「漲到多少就買進」或「跌到多少就賣出」的下單方式，具有自動化停損的功能。

股票投資中最重要的是避免大賠，因此一旦跌幅超過可容許範圍，就必須立刻停損。不過投資者容易被「再等一下說不定會回升」的期待心理干擾，遲遲無法執行停損。採用反向限價的話，只要股價跌到事先指定的水準，就會自動賣出。

此外，反向限價也能在獲利了結時派上用場。股價有時會大幅上漲到超過預期的程度，

Comforia Residential投資法人（東證・3282）

投資口價格（單位）	股價淨值比（實績）	本益比（預估）	總市值
25萬1,500日圓（1口）	1.65倍	30.4倍	1,411億6,700萬日圓

—5日線 —25日線

JACK關注「有望IPO」名單

股票名稱	公司簡介
東京地下鐵	營運東京地下鐵
USJ	營運大阪人氣主題樂園「日本環球影城」
Spiber	開發人工「合成蜘蛛絲纖維」的量產技術，這種纖維比鋼鐵強韌4倍，比蜘蛛絲更具伸縮性
ZMP	開發自動駕駛技術

不要忘記「分批買進」與「停損」

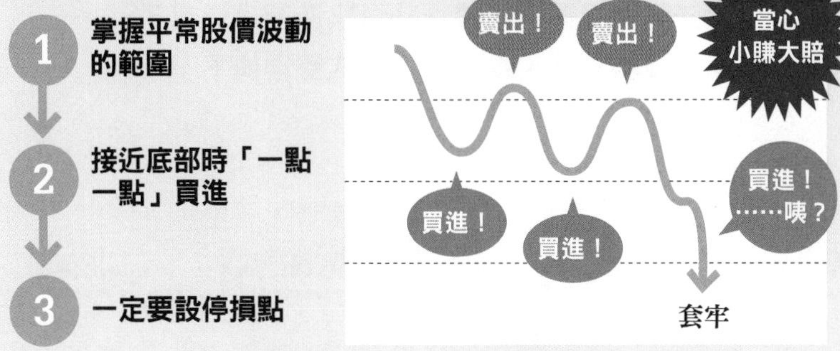

首先，投資的第一階段是掌握「這檔股票的低點範圍」。但即使認為現在就是最低點，假如一次投入所有資金，一旦發生暴跌，股票就會被套牢。切記要分批買進，也一定要設停損點。

Japan Prime Realty投資法人（東證・8955）

投資口價格（單位）	股價淨值比（實績）	本益比（預估）	總市值
45萬6,000日圓（1口）	1.94倍	34.2倍	4,197億9,300萬日圓

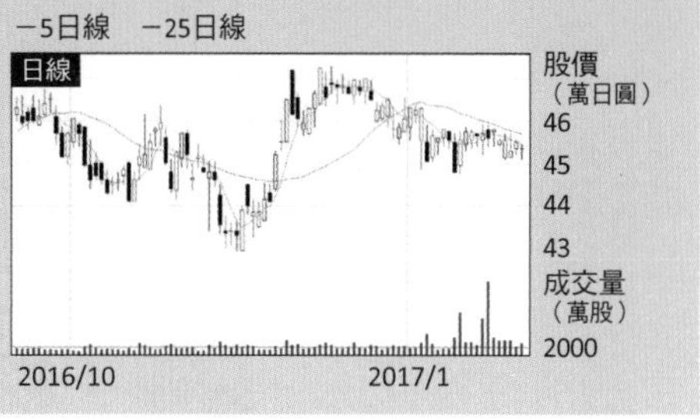

如果是用一般限價單「漲到多少就賣出」的手法，很容易在剛開始要漲的階段就賣掉了。因此只要未實現利益達到一定程度，不妨先反向限價在稍微低於目前價格，但依然可以創造獲利的水準上。這麼一來，即使之後開始下跌，依然可以確保一定的獲利。只要隨著未實現利益的累積，適時提高反向限價的水準，那麼無論何時開始反轉下跌，都能夠創造出令人滿意的獲利。JACK說：「就算是連續漲停板的新興股，只要每天設定一次反向限價，維持跟前一天差不多的水準，就能在停止飆漲的時機立刻賣掉，效果非常好。」

什麼是反向限價？

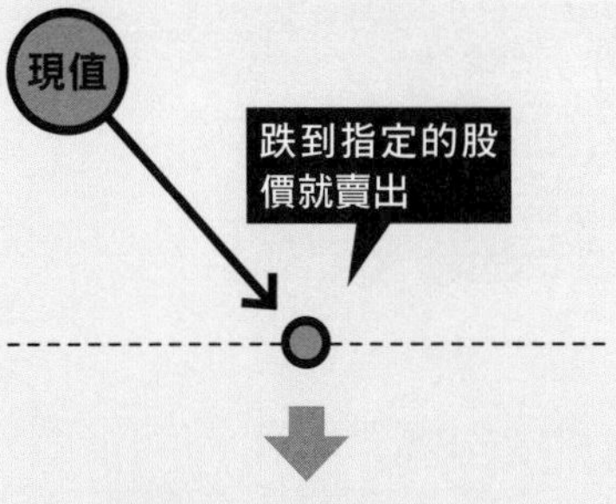

只要確實先做好反向限價
就不必擔心停損的問題

跌到指定水準就自動賣出，這種方法適合用來停損。為了避免大賠，當然必須適時停損，但很多人受到心理因素干擾，無法確實執行停損。透過反向限價的自動停損功能，即可安心投資。

獲利了結時也能派上用場的反向限價

●如果用限價單獲利了結，

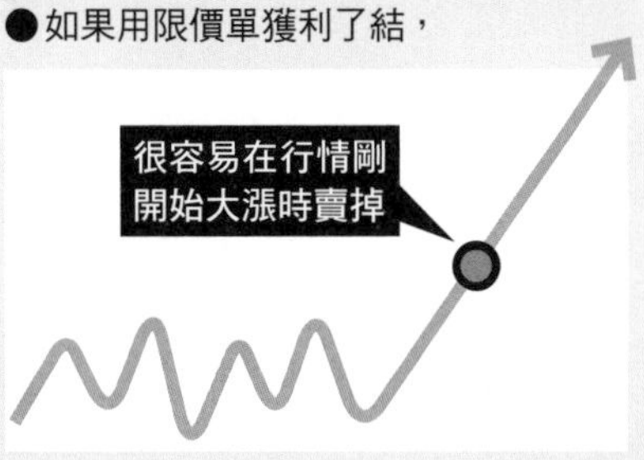

●如何用反向限價獲利了結？

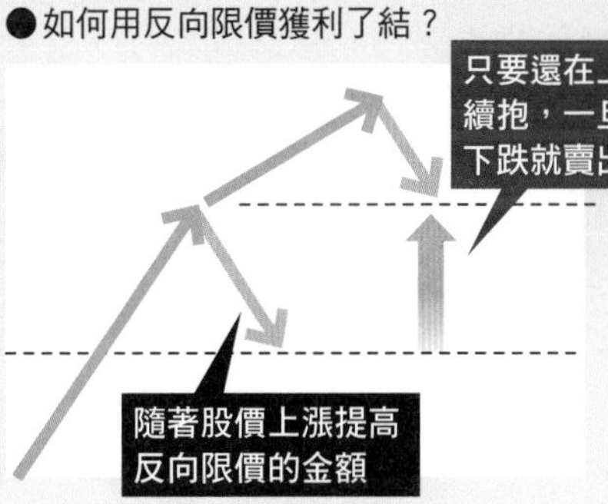
只要還在上漲就續抱，一旦開始下跌就賣出

隨時搶先布局，創造投資機會

二〇一六年，JACK打了一場苦戰。他最期待的**九州旅客鐵道**中籤率太低，沒能順利布局，而且上市價只比發行價格高出九%，未能創造太大的利益。

進入二〇一七年以後，情況瞬間好轉。他買進了隨著公募增資新發行的REIT（不動產投資信託）Comforia Residential投資法人、Japan Prime Realty投資法人，後來價格上漲，順利獲利了結。乘著這個勢頭，二月以後的IPO案件，他準備以二次投資為主要目標。

「如果二〇一七年能夠IPO的話，預計會有大幅度的上漲。」根據這個想法，他鎖定了四家企業：**東京地下鐵**、**USJ**、**Spiber**，以及二〇一六年公布延後上市消息的**ZMP**。

至今，他仍持續關注特殊事件，藉此搶先布局，達成大賺小賠的投資目標。

32名億萬投資家不藏私傳授

受用一生的投資書單與資訊來源

靠股票取得成功的散戶投資家，都如何學習投資知識，又都是根據哪些資訊進行投資呢？
《日經理財》訪問了32名投資者的實用書單及參考資料來源，以排行榜形式整理如下。

投資家推薦書單

1 《彼得林區選股戰略》
作者：彼得林區、約翰．羅斯柴爾德

2 《投資最重要的事：一本股神巴菲特讀了兩遍的書》
作者：霍華．馬克斯

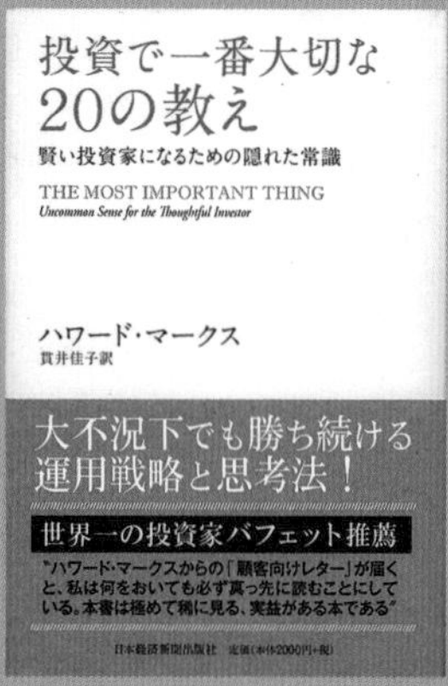

3 《巴菲特法則實戰分析》
作者：瑪麗．巴菲特、
大衛．克拉克

4 《智慧型股票投資人》
作者：班傑明．葛拉漢

5 《投資者的未來》
作者：傑諾米．席格爾

5 《彼得林區 征服股海》
作者：彼得林區

5 《基本面一哥教你 財報分析課：用一張圖表，就能挑出獲利又誠實的好公司！》
作者：國貞克則

1

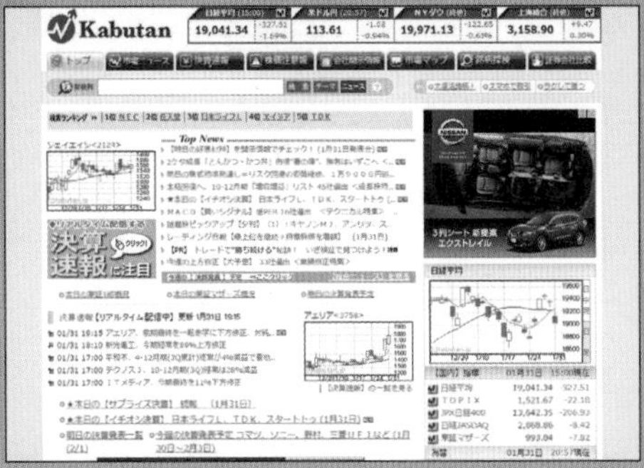

株探
https://kabutan.jp/

2
日本經濟新聞電子版
http://www.nikkei.com/

3
Yahoo!財經
http://finance.yahoo.co.jp/

3
TDnet適時公開資訊閱覽服務
https://www.release.tdnet.info/inbs/I_main_00.html

5
公司四季報Online
https://shikiho.jp/

5
TRADER'S WEB
http://www.traders.co.jp/

7
Kitchen Kaboo
http://www.kaboo.co.jp/

7
日日本交易所集團
http://www.jpx.co.jp/

7
NewsPicks
https://newspicks.com/

7
【投機股】可怕的熱門股票速報-股價2ch yahoo論壇
http://kabu-sokuhou.com/

回答者名單

AIRU／內田衛／奧山月仁／香澄／株1000／關知／御發注／小和尚／五味大輔／Comstock／審判部長／Spo／竹入敬／delamoney／巴菲特太郎／PENTA／槙谷健吾／松之助／megavin／YAHMAN／山崎和邦／夕凪／陽子／萬野正大／AKI／Bkomi／DAIBOUCHOU／JACK／mushoku2006／rika／v-com2／www9945

最強散戶贏家的每日check清單

不藏私大公開！

《日經理財》邀請五位大受歡迎的日本散戶投資家，不藏私介紹他們蒐集資訊的方法，以及常用的網站。

投資人	Q1 固定收看的電視節目？	Q2 常用哪些網站？
v-com2  擅長運用財務分析，在股票升格東證1部前率先布局的上班族投資者。投資資歷13年，目前持有110檔個股。	為了掌握整體經濟，我會看《全球財經衛星》。為了理解社會議題或時下流行，我會看《追夢高手》，有時可以意外發掘一些投資標的，例如節目之前曾做過知名泡湯店鋪「極樂湯」的特別報導。	東證「適時公開資訊閱覽服務」會提供企業公布的官方資訊。這是每一位以財務分析為主的投資者，都必須經常查閱的網站。
夕凪  專業個人投資者。擅長捕捉優待股特有的股價波動《日本證券新聞》專欄作家。	我會在開盤前快轉收看《全球財經衛星》、《News早晨衛星》。其他還有收看《市場分析plus+》、《坎布里亞宮》、《週一情報最前線!!》等節目。	除了東證「適時公開資訊閱覽服務」之外，也會透過投資資訊網站「株探」確認當天的市場新聞。此外，我也會看「世界股價」掌握外匯資訊。
松之助  任職於某投資法人的上班族。選股時會從指標面來看價值、業績與未來展望等各種面向進行考量。投資資歷10年，目前持有72檔個股。	我完全不看電視。同樣的時間，閱讀文字可以吸收的資訊量遠多於影片，因此我會優先從網路上蒐集資訊。有時間的話，我會看日經的CNBC。	在「日本證券金融」的「融資融券交易資訊」頁面中，我會每天確認「股票別限制措施」項目，尋找可交易的題材。另外，想要看上市企業的公開資訊時，我會去「EDINET」確認。
JACK  精通股票、外匯、不動產投資，也舉辦演講講座和寫書。出版多本著作。	幾乎不看電視（汗）。	我會在「綜合投資資訊網站TRADER'S WEB」上確認公募資訊，在「初學者的資產操作計畫：黑澤基金」上確認IPO資訊。此外，我會在「NJI新興市場最新資訊」上確認盤中資訊。
DUKE  兼職個人投資者。長期經手1部上市企業的管理會計、經營計畫，擔任向經營層提出收益分析報告的負責人。美國公認會計師。	《市場分析plus+》岡崎良介的精闢分析很有參考價值，也讓人獲益良多。我也喜歡《全球財經衛星》、《坎布里亞宮》與《追夢高手》。	「株探」可以非常有效率地搜尋股票或掌握財報資訊。「世界的股價」很容易瀏覽世界的狀況，相當方便。「公司四季報Online」的使用頻率也很高。

Q6 蒐集資訊的心得是！？	Q5 為什麼要在部落格上分享資訊？	Q4 生活中會注意什麼事？	Q3 是否會關注報紙、廣播等其他媒體嗎？
要把蒐集資訊當作理所當然的習慣。我已經養成了習慣，就像一天不洗澡刷牙就會全身不對勁一樣。	一方面是滿足自我表現的需求，另一方面也是覺得如果能幫助到其他個人投資者提升程度，那就太好了。	我會有效利用時間，例如把預錄電視節目後，用 1.5 倍速播放。也會善用搭電車通勤的時間。最近很常看到有人在車上玩手機遊戲，但我可沒有那個空閒時間（笑）。	我會透過《日本經濟新聞》觀察財報資訊（尤其是正式公布前的財報觀測資訊）如何被解讀、對股價有何影響。
如果去確認投資手法相似的人或尊敬的投資者所推薦的網站、商品或書籍，會有非常高的機率找到自己想要的資訊或不夠了解的資訊。	就是 Give & Take 的精神。我覺得「有付出才有收穫」。此外，也是一種回顧過去經驗的記錄。我想最常看我部落格的人，應該就是我自己吧（笑）。	我在日常生活或出去旅行時，會刻意選擇自己投資的企業所提供的餐飲、旅館或商品，或是嘗試競爭企業的服務及產品，藉此判斷優劣。此外，我也很積極與投資同好們交流。	我會在盤中收看「日經 CNBC」，掌握市場的動向和臨時新聞。此外，我也會收聽日經新聞的廣播電台《Radio NIKKEI》。
我總是嘗試實際運用自己得到的資訊，而非只是看過而已。我一直在反覆分析蒐集到的資訊或過去資料，尋找大有可為的交易手法。	因為我很開心有人願意讀我的文章。此外，持續用社群媒體分享資訊，就容易受邀參加網聚或投資社團。以拓展投資者人脈來說，相當有幫助。	我會透過 LINE、Skype、電子郵件、Twitter 等社群媒體與投資同好交換意見。此外，我也秉持著「就算整本書只有一句話派得上用場也好」的精神，持續不懈地讀書。	我有訂閱《日本經濟新聞》的電子版。從星期一的「景氣指標」面掌握經濟的基本面。另外我會閱讀《MONEY》雜誌。有時候會因此掌握不少珍貴資訊。
我會活用各種學習方式，像是在通勤電車上用手機蒐集資訊、透過 LINE 與投資同好交流、與證券業人士吃飯、把所有的投資書籍都看過一遍等。	3 個原因：「整理與反省自己的想法」「資訊會帶來更多資訊」「結識厲害投資者」	我會確認投資同好的部位配置（作弊投資）、投資同好的績效（勝負比例）。此外，我也會與計程車司機或聲色場所的服務生聊天，從內容中去推測景氣的狀況。	我很常參考《日本證券新聞》的頭版標題。報紙上的「市場傳聞與未證實資訊」有時也蠻準確的。我還會透過《日本經濟新聞》，確認公募資訊等消息。
由於付費資訊的品質往往比免費的高，因此我會充分利用這些資訊。此外，如果有看起來不錯的書籍，我也會先讀過一遍。只要有任何我不懂的東西，那就能回本了。	一方面是我喜歡寫作，另一方面也是想要藉由書寫來為世上的投資者做出一點貢獻。	我會隨時保持敏銳的觀察力，了解現在社會上正在流行什麼，像是在街上、與朋友對話時、在電視上或電車廣告等等，我經常用這樣的角度在觀察。此外，我也會親自去體驗虛擬實境或手機遊戲等新玩意。	《日本經濟新聞》、《日經 Veritas》是基本吧。另外我也有使用「i 適時開示」這款 app，會自動通知你所登錄個股的公開資訊。

蒐集資料更方便！

專為投資者設計的推特操作術

受訪者
鈴木朋子小姐

IT 寫手。曾任製造業系統整合商的 SE 技術人員，現為自由業者。著有《現學現用的簡單文庫 LINE & Facebook & Twitter 基本 & 活用技巧》（暫譯）等書。

在同一個畫面瀏覽推特與臉書的動態時報

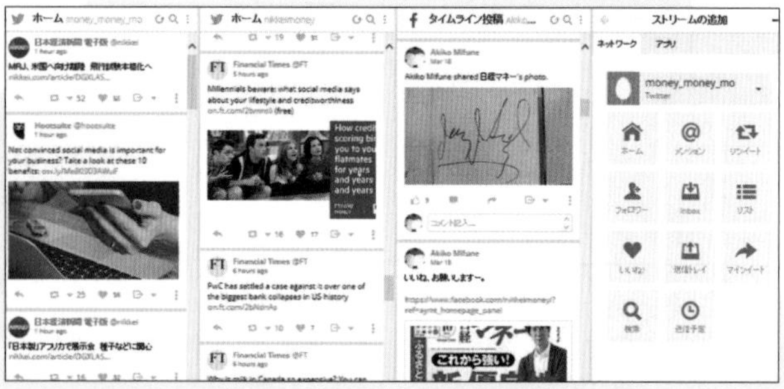

在同一個畫面上瀏覽多組社群媒體，比較不容易錯過重要的動態。

只要使用加拿大企業的社群媒體管理工具「Hootsuite」，即可用電腦或iPad，在同一個畫面上瀏覽多組社群媒體。推特內的多組列表或與登錄關鍵字有關的推特（參考下圖）也可以一併瀏覽。不僅可以閱覽，還能夠按「讚」或投稿。如果用瀏覽器看的話，可以從「http://hootsuite.com/ja/」登入。另外也有智慧型手機專用的app。

用推特官方 app 的「列表功能」將帳號分類

追蹤太多帳號的話，難以管理大量的資訊，此時即可使用推特的「列表功能」將帳號分類管理。依序點選「列表」→「建立新列表」，即可建立列表。要加入列表的話，就到想加入帳號的首頁點選「設定符號」→「從列表加入／移除」。這時如果你的設定是「公開」的話，對方會收到列表名稱等通知。不想通知的話，記得設定為私人列表。

用關鍵字搜尋推特

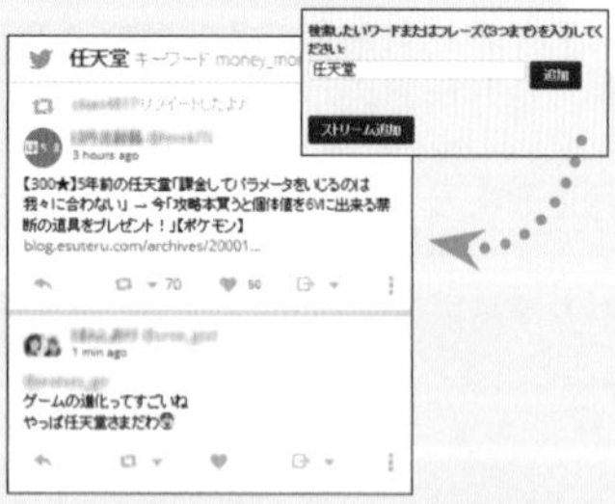

左／Android 的官方 app 可以登錄關鍵字。上／Hootsuite 的介面。

出現感興趣的新聞時，可以用企業名稱等關鍵字去瀏覽推特或臉書的最新發文。不過這樣一來就每次都必須重新輸入關鍵字，如果想要省下麻煩，不妨事先透過「Hootsuite」，依據自己的持股登錄關鍵字，這樣含有關鍵字的動態就會自動更新於首頁。

從別人的列表中尋找可追隨的帳號

點選公開的列表再選擇「訂閱」，即可直接加入自己的列表中。

設定為「公開」的列表，任何人都可以瀏覽。點選對方首頁的「設定符號」→「查看列表」，假如列表是公開的話，即可點選「訂閱」，直接加入自己的列表中。

Part3
當沖投資者

超短期累積獲利的技術

鎖定價格波動大的股票，以分秒為單位，反覆買進或放空，
一筆一筆累積利益。
本章將揭露三位行動迅速的當沖投資者，
如何坐守在電腦螢幕畫面前完成這樣的交易。

附錄 當沖
贏家使用的工具

附錄 超強投資者
交易環境大研究

註：股價與指數等數值基本上為2017年2月3日資料

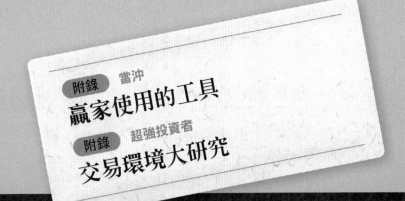

以秒為單位的鬼速交易

name

tesuta

（40幾歲・京都府）

職業	兼職投資者
投資資歷	**11** 年
金融資產	約 **10** 億日圓

information

推特帳號
@tesuta001

部落格
tesuta 的股票日誌
http://blog.livedoor.jp/tesuta1/

超短期當沖客tesuta（化名）擅長「剝頭皮」手法，也就是靠著以分秒為單位的交易逐筆累積利益。最初他用八百萬日圓為本金，從二〇〇五年開始投資股票。之後一直到二〇一五年為止，統計每月收支只有四次賠錢而已。至今累積獲利已經達到十二億日圓以上。

他不做任何企業分析，專注於思考「此時此刻，哪邊會上漲？」他緊盯著股價的波動及價量資訊（即時顯示哪個價格區間有多少下單量等狀況的資訊）等需求動向，並在瞬間判斷要買賣或觀望。他說：「行動一旦受限於框架，就會是失敗的原因。」不把手法規則化，就是他的成功模式。每檔股票波動的型態都不一樣，因此他都按照自己分析的個股特性，隨機應變做出判斷。

鎖定成交量大的股票

他鎖定的投資對象是成交量大、且價格在一天內大幅波動的股票。從東證一部到新興市場股票，都在他鎖定的範圍之內，例如V-Technology、Ateam、Softfront控股。

創造100倍利益的 3大行動法則

1. 每天確認400檔主要個股的價格波動，掌握每檔股票的習性，直到習慣這樣的投資節奏。
2. 一定要複習每天的交易成果，如果留意到不對勁，就馬上回溯過去的交易紀錄，直到能夠理解為止。
3. 注意整體的配置，徹底進行危機管理，即使在最壞的情況下也不能破產。

以800萬日圓為本金，10年累積獲利達到10億日圓！

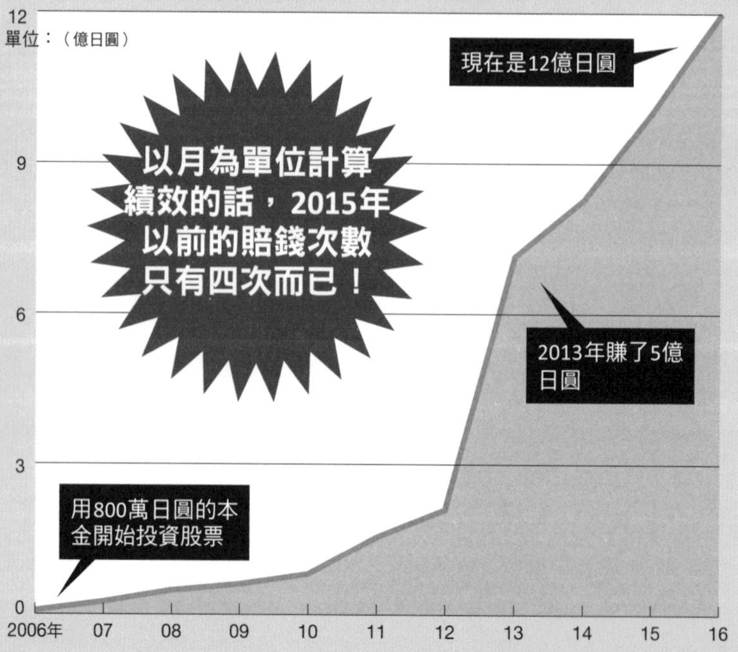

為了專注於眼前的交易，他在進行超短期買賣時，單次交易不會同時兼顧多檔股票。他一筆一筆地賺取數十到數百萬日圓的獲利，資金累積超越數千萬日圓。

他最堅持的原則是，絕不依賴運氣或憑感覺隨便猜一猜。他認為要在瞬間做出正確的投資判斷，有賴平時就努力觀察線圖或買賣動向，藉由不斷累積經驗來培養市場敏銳度。「日本的上市股票雖然有將近四千檔，但成交量與價格波動夠大的股票，大概只有四百檔。一定要把這些股票的價格波動牢記在腦海裡。」在這種想法的驅策下，他曾經每天花三十分鐘左右複習約四百檔股票的價格波動型態，直到掌握交易的訣竅為止。

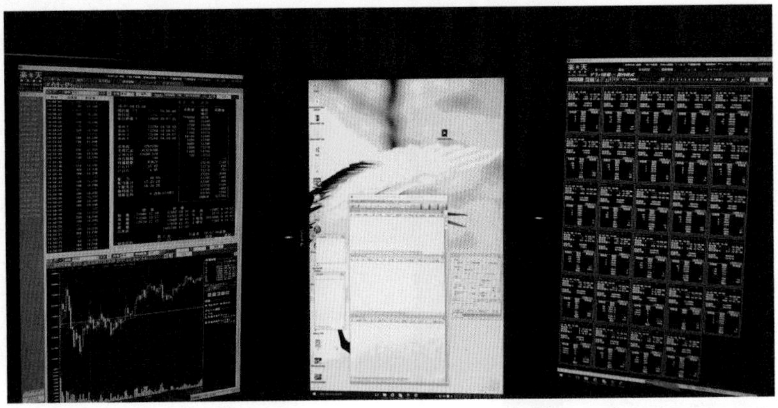
這就是tesuta每天面對的交易介面。他會確認前一個營業日大幅波動的股票、在網路上蔚為話題的股票。進行剝頭皮交易時，他會一邊盯著每分每秒變動的股價與價量資訊，一邊在瞬間做出判斷。有時收盤後甚至會感到筋疲力盡。

如果在交易過程中發現某檔股票的波動特性，就會回溯過去的交易，徹底地驗證一遍。交易收支一定會抄寫下來，賠錢時也會確實分析失敗原因，再寫成文章，記錄在筆記本或部落格上，努力提高技術。

推測交易對手的心理

交易時，他會預測買賣同一檔股票的投資者心理。tesuta所操作的交易量，經常占一檔股票一天成交量近一〇%，而能夠達到同等交易規模的對手頂多只有幾人而已。很多時候，他甚至能從交易的特徵推測出是誰在操盤。他也曾根據過去的行動模式，推測對方接下來會採取什麼招數，來擬訂作戰策略。

最近他除了超短期買賣之外，也開始進行數周內的波段交易，或是投資IPO股票、未上市股票等。另外他也很重視以獲得優待與股利收入為目的的中長期投資。目標是按各種時間軸採取多樣化投資法，成為在所有市場環境中都能運籌帷幄的常勝軍，藉此擴大資產。

圖為tesuta經營的部落格「tesuta的股票日誌」。為了提升投資技巧，無論輸贏都不能疏於複習，有效方法就是活用社群媒體。無論是交易成績再怎麼低落的日子，他還是會徹底分析敗因，並寫成文章以求進一步改善，努力留下有形的紀錄。現在他的粉絲已超越4萬5,000人。

在以股利為目的的投資中，他主要持有豐田汽車，另外還持有三井住友金融集團、日本郵政、一期一會不動產投資法人等多檔REIT（不動產投資信託）。一年的股利收入預計有一千二百萬日圓以上。

未來在股市趨勢上漲時，他會強化高殖利率股以外的投資，下跌時加碼國際優質股票等標的，目標是建立一年可獲得約三千萬日圓股利的架構。

重大事件！2016年6月24日

英國脫歐這一天，他如何度過？

當預測股價上漲的樂觀情緒蔓延時，他反而認為「萬一不如預期，能夠彌補巨大損失比較重要」，於是賣出期貨。結果光靠當沖，一天內就創造出約200萬日圓的利益。

十年練就的超神速當沖術

name

megavin

（40幾歲‧東京都）

職業	兼職投資者
投資資歷	10年
金融資產	約4億日圓

information

推特帳號
@megavinZZ

部落格
從股票市場中脫身
http://megavin.blog62.fc2.com/

「把垃圾丟進垃圾桶時，近距離的命中率一定比較高。投資也一樣，短期交易比較容易賺錢。」

他是十年來靠著當沖累積四億日圓資產的megavin（化名），同時也投入不動產租賃業及其他新事業。

他說：「我無法預測自己幾個月後的經濟狀況，光是預測隔天的上午盤，我就已經耗盡心力了。」

megavin的交易時間只有短短幾分鐘，即使跨日，也會在兩天一夜內了結。他從來不做企業研究，純粹追強勢股，趁股價還有動能時獲利了結。

最初投資股票是在十年前，從一百萬日圓的本金開始操作。剛開始雖然屢戰屢敗，但隨著參加越來越多投資者交流聚會，不斷參考投資同好的建議進行交易，逐漸建立起自己的致勝法則。後來遇到安倍經濟學行情，二〇一三年的全年利益突破三億日圓，二〇一四年資產更擴大到四億日圓。

二〇一三年是關鍵的一年。從前一年底開始，就連續幾個月出現海外投資者明顯買超的現象，所以他把握大好機會，強勢進攻，結果順利奏效。

他的手法很簡單，決勝關鍵時段是收盤前的下午二點半到三點，還有隔天開盤後的九點到十點。趁著這二個時段跟上「跳空下跌」（當日開盤價與前日收盤價相比，有個向下跳空的缺口）的股票；或是有機會「跳空上漲」（當日開盤價與前日收盤價相比，有個向上跳空的缺口）的股票波動。

鎖定跳空下跌股的反彈

跳空下跌的股票要如何進攻呢？日本股票很容易與前一天的美股市場連動（台灣亦同）。

策略① 把握跳空下跌的反彈

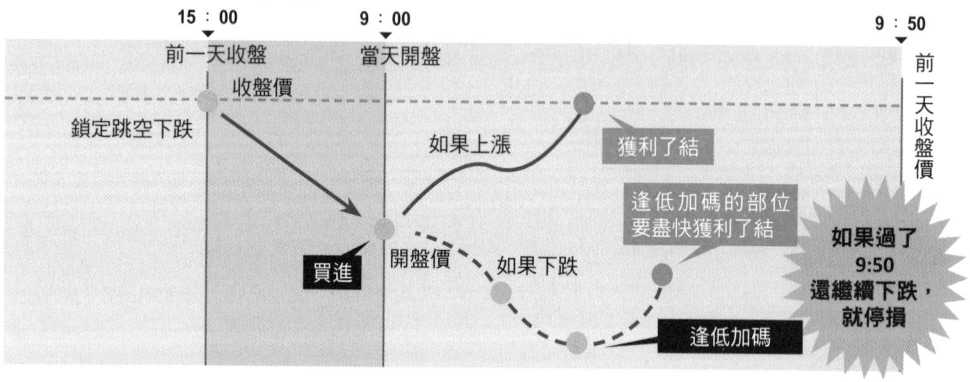

策略② 用隔日沖鎖定跳空上漲

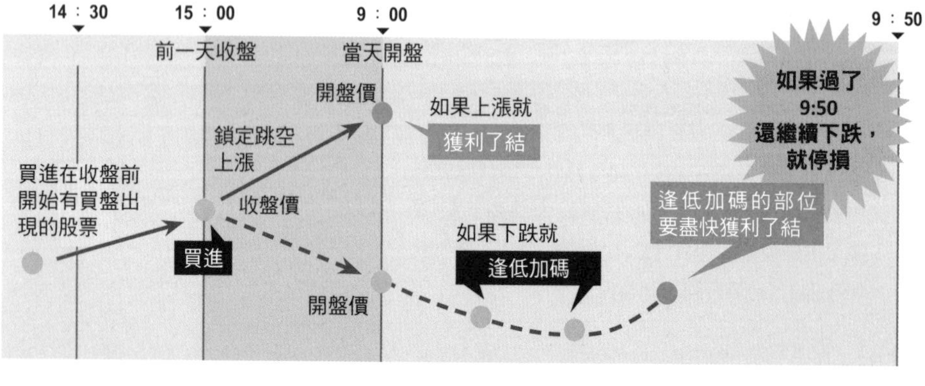

美股大跌的話，隔天東京股市也會全面下跌，許多股票的開盤價會從前一天收盤價大幅跳空下跌。但也有很多原本就呈現上漲趨勢的股票，即使因為美股而一時下跌，也會立刻回升到前一天收盤價附近的價格。因此他會撿起開盤價跳空下跌的強勢股，等股價到達前一天的收盤價時獲利了結。

假如開盤後股價下跌，就加碼買進。加碼買進的部位只要有利益，就盡快獲利了結，趁著股價回升一直交易到九點五十分，一到十點就不再加碼，直接停損（如上一頁**策略①**），這是因為，上漲的動能大多到十點左右就消失了。

他鎖定股價持續上漲、交易量大的強勢新興股票，如大型遊戲公司曉數碼。弱勢的股票或股價下滑的股票，往往在跳空下跌後會繼續跌下去，因此不在目標範圍內。

跳空上漲情況下的策略，則是採取隔日沖交易的手法。從下午大約二點半到收盤為止，

megavin的交易室。牆上掛著親筆寫下的書法字帖「勝不驕，敗不餒」，時時刻刻鼓舞自己。

他會看準股價急速上漲的強勢股，或是鎖定線圖中，紅線上有長長上影線的股票，趁著收盤前進場。這股動能預計會持續到隔天，所以要在隔天早上開盤跳空上漲時賣出。如果走勢如他所料，就立刻獲利了結；如果下跌，就跟**策略①**一樣，一直操作到九點五十分為止（見右頁下圖**策略②**）。

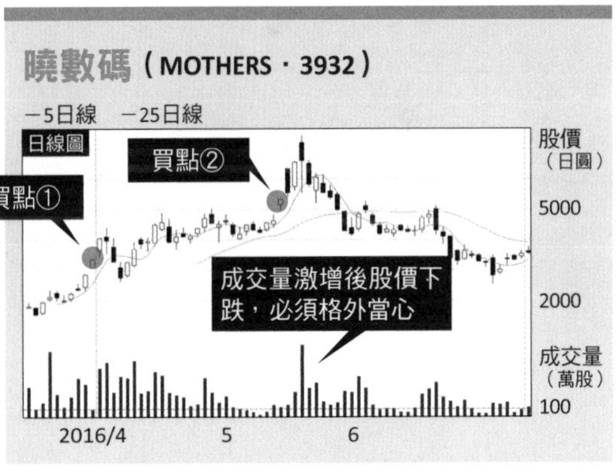

遠離可融券賣出的股票

之所以規定自己十點以後不交易，是因為盤中是法人投資者等專業人士的主場，他認為自己身為外行人，即使參戰也只會成為犧牲品。另外在選股時，他會避開可作為融券賣出的股票，因為這類股票有可能在投資人操作融券賣出後，為了回補而上漲，所以無法與單純的買進需求做出區別。

回顧過去，他才剛開始投資就受到雷曼兄弟事件影響，因此能夠體會股市暴跌的恐怖。即使是備受看好的股票，也不會集中投入資產的一成以上。他以這種方式一邊管理風險，一邊累積獲利。雖然也曾有過一天內損失一千萬日圓以上的經驗，但「勝不驕，敗不餒」是他的座右銘，無論碰到什麼狀況，都努力保持平常心。

重大事件！2016年6月24日

英國脫歐這一天，他如何度過？

上午看到日經平均股價指數下跌超過1,200點後，我從下午開始鎖定跳空下跌股。趁著Accuthera等股價變動時，順利賺到約270萬日圓獲利。經過以往的千錘百鍊，我已鍛鍊出強大的心理，即使股市發生劇烈變化，也能用平常心看待。

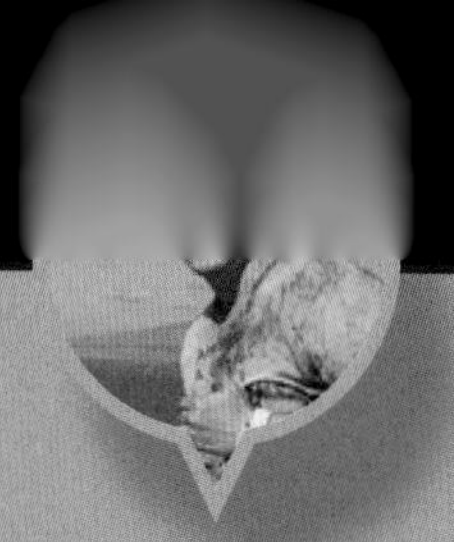

name

YAHMAN

（30 幾歲・大阪府）

職業	兼職投資者
投資資歷	約 **4** 年
金融資產（僅股票）	**4,600** 萬日圓以上

information

推特帳號
@yahman6630

部落格
YAHMAN 的股票日記
http://blog.livedoor.jp/kabushikiwork/

日賺六十萬的年輕交易者

如果主要持股因為某個題材受到關注而影響股價的話，其他股票也會隨之波動，這就是「連動現象」。YAHMAN（化名）所從事的當沖交易，就是聚焦於這種連動現象，主要交易標的為東證 MOTHERS 上市股票。靠著這套投資法，兩年多就把最初二百萬日圓的本金翻了二一．五倍，達到四千三百萬日圓。

大學畢業後，他在大阪的證券公司擔任證券交易員與業務員。當時他預測二〇一三年一月會放寬融資融券交易的管制，便從公司辭職，二〇一二年十一月成為專業投資者。

YAHMAN的部落格「YAHMAN的股票日記」。首圖的是自家房間擺滿看盤螢幕的畫面。

主要持股一旦上漲，就買進其他會隨之波動的股票，等到股價上漲後就脫手。反之，主要持股一旦下跌，就靠著放空其他連動的股票來賺錢。

YAHMAN 透露：「也可以在上午盤將上漲的股票獲利了結後，在下午盤股價要下跌時放空，一天就可以賺二回。」

他家裡擺著七台液晶螢幕，其中五台畫面分別顯示不同的主要持股，還有各三十檔互相連動的股票線圖。只要主要持股有任何變動，就瞬間確認其他股票的動向，再下單交易。

如何賺進一天六十萬獲利

以二〇一六年五月十六日為例，他先賣空次要持股——生技股 NanoCarrier，並觀察被定位為 LINE 類股的主要持股網路廣告公司愛德威動向，同時賣空次要持股 Netyear 集團。此外，對於不動產公司阿斯格特、電商營運支援公司的博設技也一樣進行放空。一天就創造了五十九萬七千八百九十五日圓的獲利。

二〇一六年五月二十三日，他只有在上午盤進行交易。當時愛德威剛開始下跌，他就立刻賣空 Netyear、UNITED 的股票，賺進二十萬九千九百九十六日圓。

目前他的重心放在與朋友經營美容室，股票交易已經遠不如過去那麼積極。他說：「假日會花一整天交易，但平常只能趁著開會空檔。通常會議不會安排在上午九點，因此我至少有一小時可看盤。」

2016年5月16日交易的股票價格變動圖

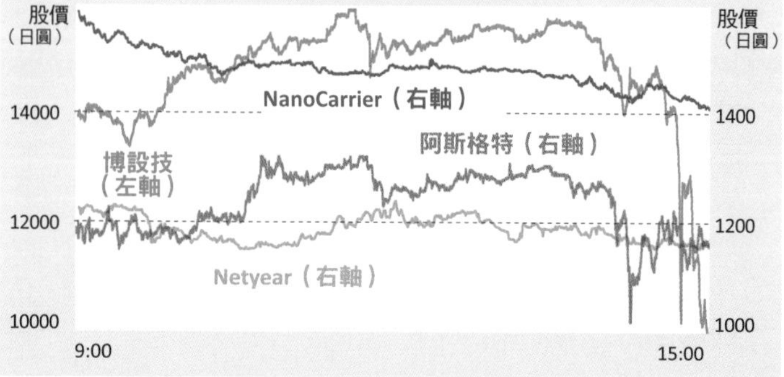

當沖贏家使用的工具

開盤前先掌握今日的激戰區

即時股價預測（KABU.COM證券）

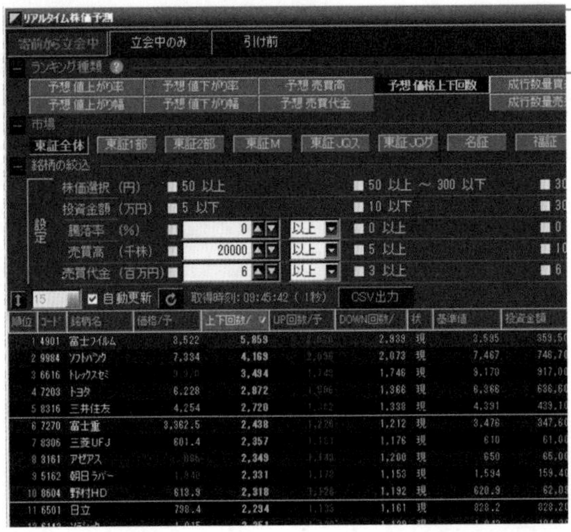

在日本當沖投資者之間很受歡迎的工具，就是KABU.COM證券交易工具中設置的「即時股價預測」功能。在開盤前提供所有下單資訊，計算出預測價格，再以排行榜的形式列出當天比較熱門的股票，例如預測開盤價高於前一天收盤價的股票，或是預測股價上下變動次數較多的股票等，就有可能找出因需求因素產生動能的股票。只要使用「預測交易量急增排行榜」，也可能有機會掌握有力股票的初步動向。只要在該證券開設融資融券交易帳戶，即可免費使用這項功能。

尋找當沖股票必看

當沖速配度排行榜（松井證券）

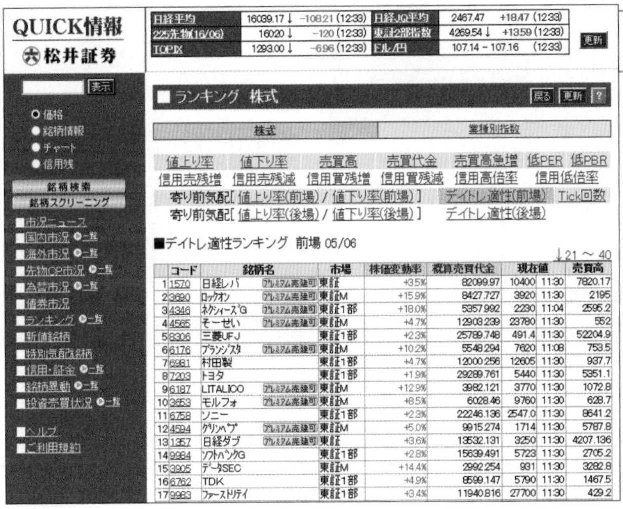

許多當沖投資者在尋找股票時，都會參考松井證券的「當沖速配度排行榜」。也就是用排行榜的形式列出價格波動大、流動性高，最適合當沖的股票。盤中每隔一分鐘更新一次，因此可以用來尋找「現在最熱門的股票」。另外，比較開盤前預測價與前一次收盤價的「上漲率／下跌率排行榜」或交易時間中的約定次數排行榜，據說也有很多愛用者。要檢視逐筆更新的資料必須開設帳戶。

當沖結合融資融券交易，無論漲跌都能賺錢

當沖專用的一日融資融券交易（SBI證券、松井證券、樂天證券）

網路證券公司的當沖專用「一日融資融券交易」也是許多人活用的工具。融資融券交易保證金放寬規定以後，只要繳納保證金作為擔保，一天之內可以多次進出市場，於是才有了這個服務。名稱、利息（融資買進）、借券費（融券賣出）依證券公司而異。雖然交易取決於個人本事，但這項服務提供了在短期內用低額本金賺取大額利益的可能性。必須開設融資融券交易戶才能使用。

註：此單元內容為日本股市資訊，台股當沖資訊可自行參閱各大券商網站。

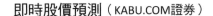

走進當沖投資者的交易室

每天在股海乘風破浪的億萬投資家，究竟是在什麼樣的環境中進行交易呢？

本單元請他們公開自己愛用的硬體、工具，以及幫助維持心理穩定狀態的物品，深入了解勝利的祕訣。

插圖／YAGIWATARU

File.01

夕凪

投資風格▶**特殊事件型投資**
年齡▶40 歲後半
職業▶專業投資者
投資資歷▶約 17 年
操作資產▶1 億日圓以上
網站▶必勝投資研究所
http://www.geocities.jp/yuunagi_dan/

嚴選適合自己的投資工具

世界的股價

http://sekai-kabuka.com/
確認美元指數、道瓊平均等指標。

Excel

用樂天證券「Market Speed」的RSS功能，將股價即時輸入Excel，監控自己關注的股票的價格變動。

推特

為了第一時間掌握新聞而瀏覽推特等社群媒體，隨時確認知名投資者的貼文。

kabu 站®

使用KABU.COM證券的工具來監控股價變動，也一併觀察期貨、美元兌日圓等指標。

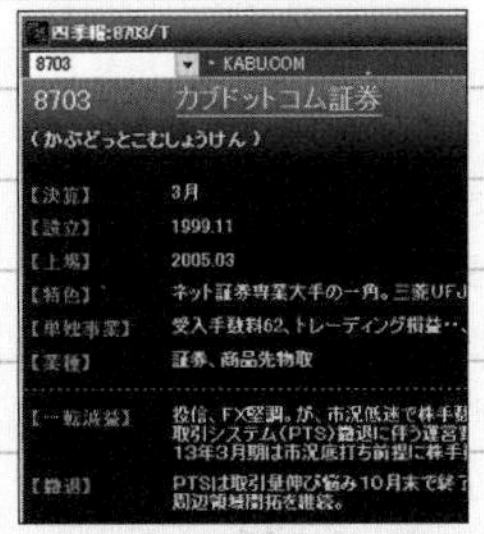

也可以確認公司四季報的資訊

日經 CNBC ／Radio NIKKEI

為了掌握整體市場行情而固定收看「日經CNBC」。該節目會搶先報章雜誌公布投資相關八卦。此外，他也會收聽極具影響力的《日經廣播電台》。

QUICK corporate alert

http://www.qcalert.jp/
監控股票動向的網站，一旦出現價格波動明顯、股價接近年初以來最高價、接近漲停等現象，就會在網站上發布警報。也可以在此確認業績發表等消息。

網頁瀏覽器

隨時開著網頁的瀏覽器，有任何想知道的事情就可以立刻搜尋。

Market Speed

樂天證券推出的功能，可以用來單獨調查有興趣的股票。小小的畫面中可以同時顯示眾多資訊，相當方便。

超級發注君

GMO Click證券公司研發的交易工具，具有操作簡易、手續費與融資融券交易的利息很低等優點。

自我勉勵的詩作

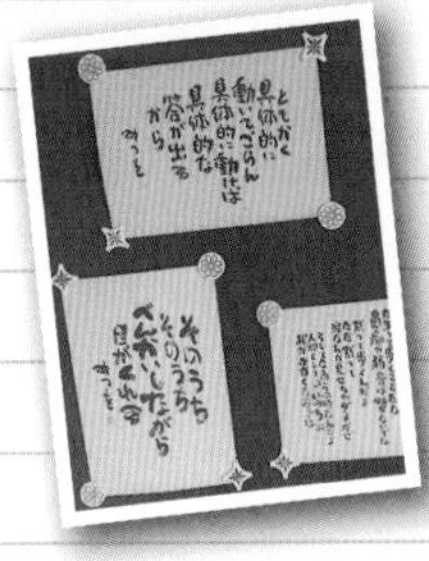

房間牆壁上貼著日本詩人相田光男的作品。「賺不到錢的煎熬時期，我常看他的詩，自我打氣。」

東普雷 韌鋒鍵盤

長年愛用的鍵盤。「雖然價格比其他鍵盤貴上許多，但打起字來的感覺超棒。」

提升財運的御守

與投資同好一起去伊勢、熊野開運旅行時買的財運御守。「不知道是不是因為有神明保佑，從此以後的交易成績都很好。」

靠著配合股東優待的除權息基準日、TOB（股票公開收購）等特殊事件布局的投資法，一路增加操作資產。夕凪從三十萬日圓的本金開始投資，十七年後已達到一億日圓以上。

夕凪的交易環境特徵是依照「監控價格變動」「單獨調查有興趣的股票」「下單交易」等不同目的，使用不同證券公司的工具。在尋找能夠高效取得資訊、可以下單，又適合現有監控架構的過程中，他一步一步完成現在的投資工具組合。

「『kabu站®』可以一次登錄很多檔股票，各種資訊一目瞭然，但下單方式很難操作，優待股的交叉交易也不太順手。不過像『超級發注君』就可以迅速下單，交叉交易簡單，手續費與利息也很低。『Market Speed』只要一個畫面就能完成所有事情，一口氣輕鬆取得大量資訊也很輕鬆。我認為找到適合自己投資風格的工具很重要。」

File.02

YAHMAN

投資風格▶**當沖**
年齡▶30 歲前半
職業▶兼職投資者
投資資歷▶約 4 年
操作資產▶4,600 萬日圓
網站▶YAHMAN 的股票日記
http://blog.livedoor.jp/kabushikiwork/

用線圖找出彼此連動的股票

LASER TRADE

GMO Click證券公司研發的投資工具。在縮小的線圖一覽表中，如果有特別感興趣的股票，可以放大檢視。

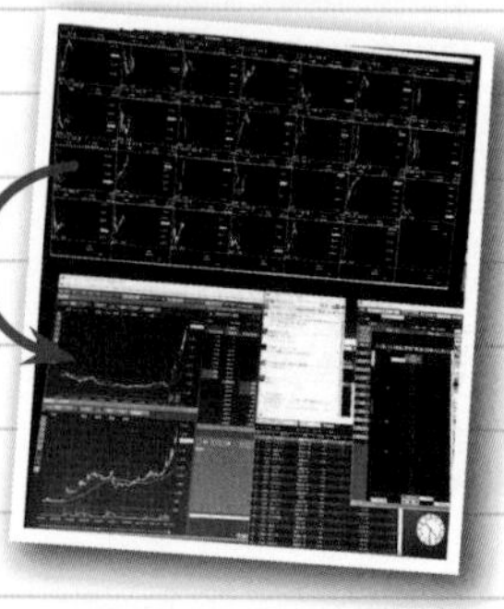

社群媒體

透過社群媒體，隨時關注之名投資者、銀行官方帳號等貼文。

新 Monex Trader

7個螢幕中，有5個是透過Monex證券公司的軟體來顯示線圖。每個螢幕顯示一種領域的30檔股票，找出股價隨主要持股變動的股票。

超級發注君

只要有鎖定的股票，就用GMO Click證券的這款工具查看「股票價量資訊」，確認指示價格、下單量、尾盤下單量等資訊。

一日融資融券交易

實際操作融資融券交易時，會使用松井證券的「一日融資融券交易」軟體。這是一種限當天清償、免手續費的當沖專用服務。

豪優人體工學椅（Ergohuman PRO）

長時間久坐也不易疲勞的愛用椅。疲勞時就用內藏的腳凳伸展休息。網狀材質設計，在夏天也很舒適通風。

反覆閱讀的書籍

桌上放著一堆投資相關書籍。其中他最愛的《史上最強短線交易穩贏操作勝經》一書中，夾著許多便條紙。

便條紙

「上漲的股票，別在不上不下的地方放空」「不要擅自隨便判斷股價已經跌過頭了」……只要是交易不順時的教訓，或想要提醒自己的事，就寫下來貼在桌上。

100 兆辛巴威幣

這張珍藏的鈔票，是一位投資前輩送的禮物。他笑著說：「希望有一天，我的資產也可以有這麼多個『0』」。

YAHMAN當過證券交易員，後來辭職成為專業當沖客。幾年前也開始在大阪經營兩間美容室，自己當老闆。

他的交易風格是針對某領域的主要持股，在短期內找出連動股票並放空。因此，書桌上的七個螢幕中，有五個用來顯示多達一百五十檔股票的線圖。一個螢幕搭配一種領域，然後按照領域去切換畫面。

「例如社群媒體上備受討論的股票，我就會去調查業種，並觀察相關領域的股票。」

當沖是各種交易風格中，最需要強大心理素質的一種操作方式。他說自己在交易卡關時，會拿出交易員時期前輩推薦的《史上最強短線交易穩贏操作勝經》（*Tools and Tactics for the Master Day Trader*）這本書，反覆閱讀。

「書中提到從失敗中學習的重要性等觀念。我之所以會開始透過部落格整理每天的交易成績，也是受到這本書影響。每次只要遭遇損失，我就會重新閱讀這本書，然後一定會得到新的啟示。」

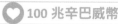

File.03

Spo

投資風格▶**成長股投資**
年齡▶40 歲前半
職業▶兼職投資者
投資資歷▶約 10 年
操作資產▶數千萬日圓
網站▶Spo 的投資部落格
http://www.spotoushi.net/

手機、iPad，也能簡單交易

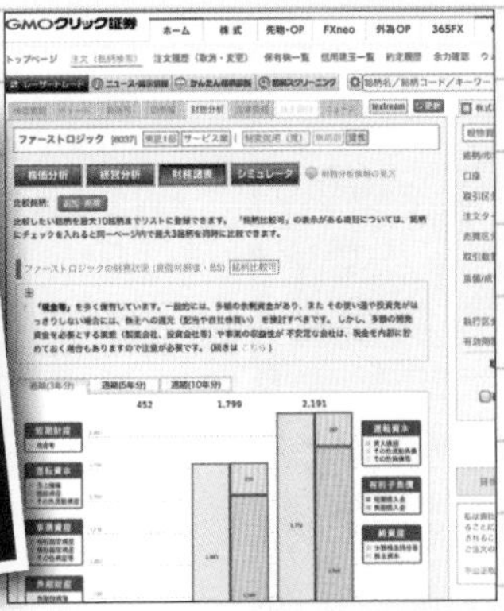

GMO Click 證券

http://www.click-sec.com/
他會用iPad mini 3進行交易。分析企業財務時則習慣使用GMO Click證券公司的會員頁面，因為財務報表採用彩色圖表解說，淺顯易懂。買賣時會透過SBI證券公司的工具，因為功能完備，且手續費較低。

電腦

他不用電腦交易，而用來寫部落格。他會在部落格上與志同道合的散戶投資者進行企業分析。

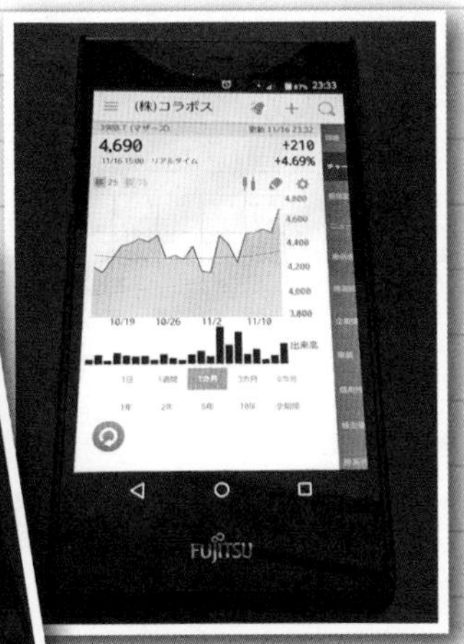

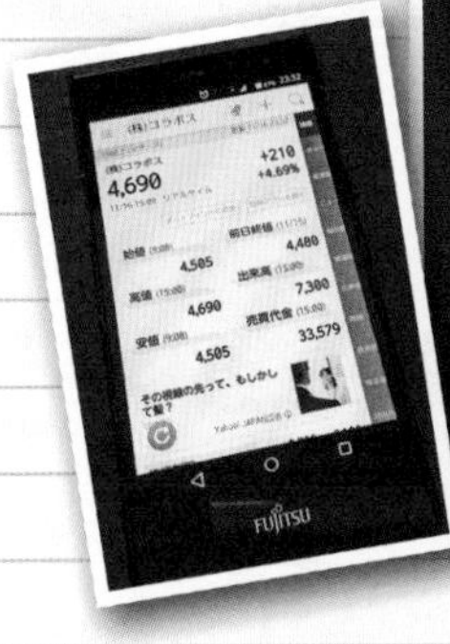

Yahoo! 財經股價匯率綜合 app

手機使用的是Android系統。使用「Yahoo!財經app」確認股價變動。「我都會用來確認每天的損益，或是從網路布告欄上蒐集資訊。」

專門放股東優惠券的皮夾

皮夾尺寸剛好放得下股東優惠券。隨身攜帶吉野家、大戶屋等餐飲企業的股東優惠券。

備忘錄 app

手機和iPad mini都安裝了備忘錄app，即使出門在外，也會順手記錄可寫在部落格上的題材。

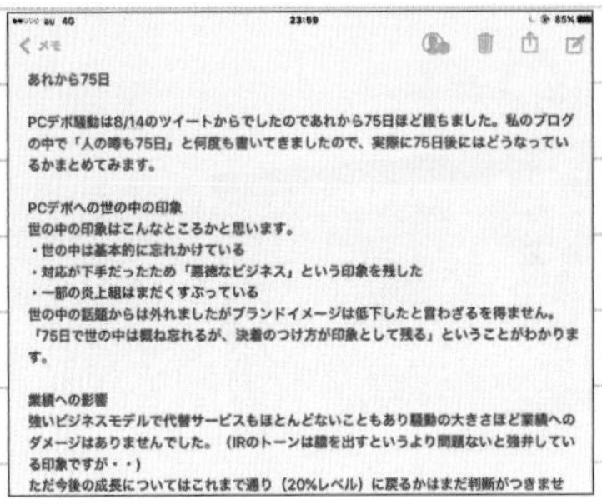

Spo習慣從財務報表掌握營收成長、營業利益率、淨資產等數字，並根據商業模式分析成長的理由，找出目前相對便宜的投資標的。他現在集中投資的六檔股票，就是從這種方法嚴選出來的。

尋找標的的契機，通常來自他在社群媒體上開設的「股票分析委託」服務。他會接受讀者委託，協助對方一起討論、分析該檔股票。「由於我們投資的不是題材或特殊事件，因此不會特別蒐集什麼資訊，也不會看《公司四季報》。我們擁有的資訊，有九成來自各企業的投資人關係部門，或證券公司的財務分析頁面。」

他使用的工具非常簡單：「我不會坐在書桌前進行買賣，也幾乎不使用電腦。交易都以iPad為主。」當交易卡關時，他會回想自己尊敬的台裔日本股神邱永漢說的話：「股票利益，九成是忍耐的報酬。」

他說：「我的信條就是只要業績沒問題，股價遲早會回升。只要能保持這樣的信念，就能保有強韌的心理素質。」

File.04

松之助

投資風格▶**特殊事件型投資、價值股投資、優待股投資**
年齡▶30 歲後半
職業▶兼職投資者
投資資歷▶10 年
操作資產▶1 億日圓
網站▶The Goal
http://matsunosuke.jp/

忙碌兼職投資者最重視的事

Market Speed

活用樂天證券工具的RSS功能，利用函數將「年初以來最高價」「股利」「新增借券」等重要項目顯示在Excel上，。

kabu 站®

KABU.COM證券的工具，藉此追蹤依下單動態計算預測價格的「即時股價預測」。在開盤前與收盤前很有用。

Google 日曆／Evernote

行程表記在Google日曆上，備忘錄記在Evernote上。為了便於日後使用搜尋功能，他不用紙本做筆記。

玩偶

賠錢時雖然會徹底分析原因，但在那之前，會先看看玩偶或桌面的海豹照片來療癒心靈。

日經電子版

訂閱財經媒體的電子報。其中，每周一的「景氣指標」報導最有助於掌握基本面（經濟的基礎條件）。

蔬果汁

キューサイ
畑の青汁

交易再怎麼順利，要是沒有健康的身體，就無法過著幸福的人生，因此他十分注重飲食習慣。

用勵志金句提醒初衷

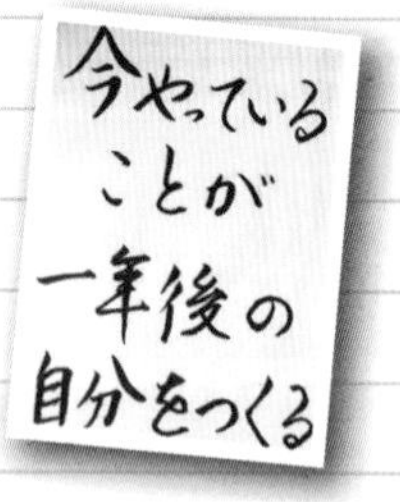
今やっている
ことが
一年後の
自分をつくる

「每天累積的投資研究及經驗，將會決定未來。」為了不忘記這件事，他會抄寫喜歡的勵志金句，放在桌上。

兼職投資者松之助說：「另有正職的我，最煩惱的是沒時間看盤。為此，我很努力縮短搜尋或整理資訊的時間。」他選股時會綜合考量指標、業績、事業內容等資訊，每年報酬率都達到三〇％。能有這樣的成績，要歸功於善用樂天證券公司「Market Speed」的RSS（簡易資訊聚合）功能。他會利用函數將「年初以來最高價」「股利」「新增借券」等需要確認的項目顯示在Excel上，這些數值是交易判斷的關鍵。外出時，就使用筆記型電腦、智慧型手機或平板電腦進行交易。他會把重要的資訊或待辦事項全部上傳行動裝置上，這樣才能隨時隨地點閱、搜尋。

雖然他的交易時間有限，但只要遭遇損失，一定會騰出時間徹底分析原因。「這次為什麼失敗？是不是狀況有所改變，導致期待值降低？要怎麼做才不會重蹈覆轍？思考方式又應該如何修正？這次損失是碰巧發生的結果還是另有原因？一一確認這些事項，是很重要的。」

File.05

御發注

投資風格▶**價值股投資**
年齡▶30 歲後半
職業▶兼職投資者
投資資歷▶約 14 年
操作資產▶2 億 3,000 萬日圓
推特▶@erroneousOrder

遵守投資 SOP，冷靜判斷資訊

股東優惠品：無線滑鼠

他使用的滑鼠是ELECOM（東1・6750）的股東優惠品。有效利用資源而不花費一毛錢，正是他時刻銘記在心的課題。

公司四季報

如果在「適時公開資訊」中看到感興趣的企業，就用《公司四季報》進行分析。比起電子版，他更習慣透過紙本版，以便於查詢歷史資訊。此外，他也會使用CD-ROM版。

常用網站：適時公開資訊閱覽服務

https://www.release.tdnet.info/inbs/I_main_00.html

iClick 株

外出時用手機操作GMO Click證券的App，進行交易。也可以閱覽適時公開資訊或企業分析報告等內容。

常用網站：株探

https://kabutan.jp/

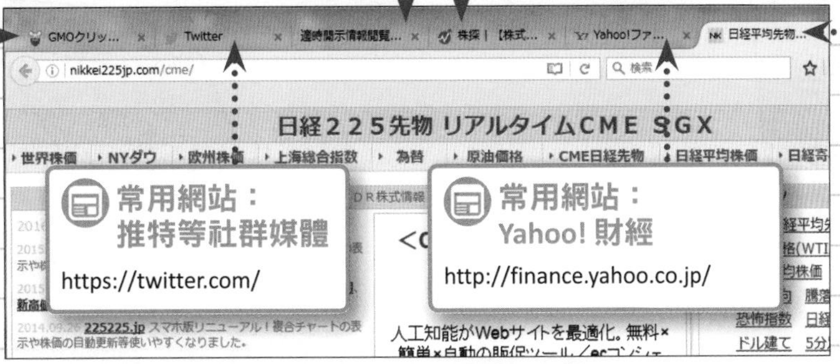

GMO Click 證券

https://www.click-sec.com/

常用網站：推特等社群媒體

https://twitter.com/

常用網站：Yahoo! 財經

http://finance.yahoo.co.jp/

常用網站：日經 225 期貨即時行情

http://nikkei225jp.com/cme/

使用分頁瀏覽功能，閱覽6個網站。考量手續費、借券制度、資訊量的平衡性等因素，選擇使用GMO Click證券進行交易。

投資同好的婚宴座位表

他珍藏著投資同好結婚時的座位表。「那是個很難得的一天，一群優秀散戶齊聚一堂的畫面，未來恐怕不會再有第二次了。」

便條紙

把預計要調查或下單的股票代號或特殊事件的日期記錄在便條紙上。使用便條紙而非筆記紙，才能貼在視線所及的地方。

孩子的作品

桌前的牆上貼著孩子的作品。「雖然螢幕被孩子弄壞過（笑），但交易時只要看到這個，心情就會穩定下來。」

工作之餘，御發注（化名）靠著投資被低估的成長股，累積出二億日圓的資產。

他選股的依據是日本交易所集團的「適時公開資訊閱覽服務」。一旦發現有興趣的股票，就翻開《公司四季報》確認指標、股利、營收或利益的變動等。如果想進一步研究的話，再從過去的《公司四季報》、財報短訊與中期經營計畫，預測「未來利益成長使本益比變五到七倍的股票」「成為現金殖利率五%以上的股票」「成為優待+現金殖利率五%以上的股票」的機率與持續性。

他說：「剛開始投資時，我把所有空閒時間都拿來研究股票。」不過，如今一天花在投資上的時間只有兩小時。

他認為現在「市場正處於高檔」，於是冷靜地判斷狀況，並逐漸提高現金的比例。

對於今後的投資計畫，他說：「我預計暫時放棄複利的好處，只要有利益就換成現金，採取只投資一定額度的『提款投資法』。我會耐心地等待機會再次到來。」

從失敗中學習，向前邁進！
打造最適合自己的環境

以強大心理素質迎戰投資

深谷純子
Sumiko Fukaya
心理韌性教練。1988年進入日本IBM。曾任銀行系統工程師、亞太地區總公司經理等職位。2011年成立深谷韌性研究所，舉辦研修與培訓。著有《韌性：跨越逆境、抓住機會的力量》。

投資者必須時常面對焦慮或壓力，
就讓心理韌性教練深谷純子，教大家如何鍛鍊出強大的心理素質。

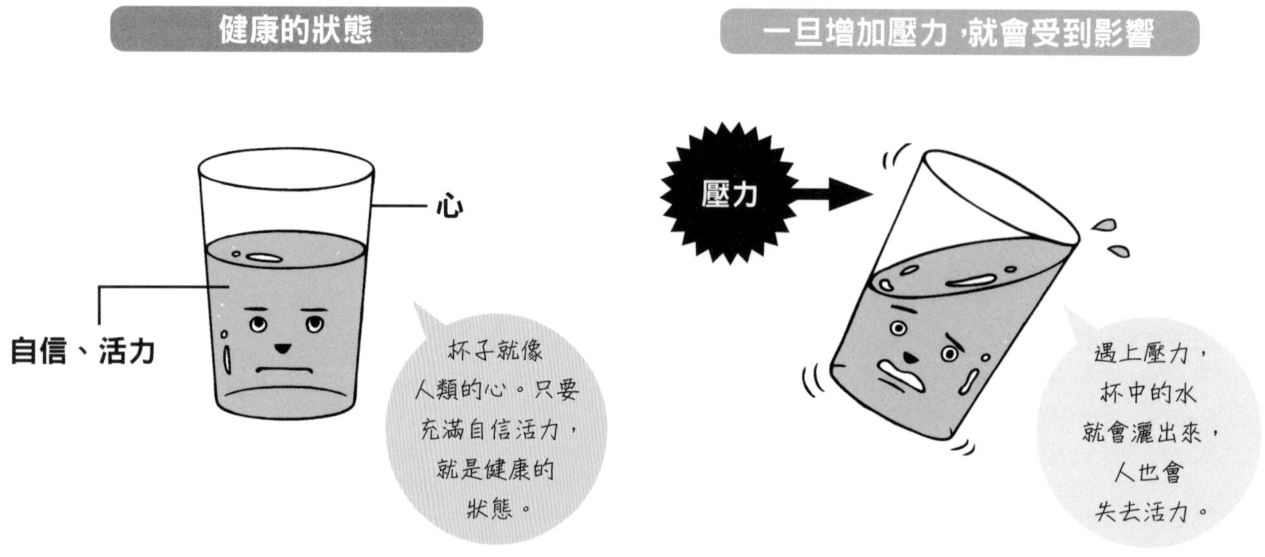
健康的狀態
心
自信、活力
杯子就像人類的心。只要充滿自信活力，就是健康的狀態。
一旦增加壓力，就會受到影響
壓力
遇上壓力，杯中的水就會灑出來，人也會失去活力。

投資者經常處在「無法忍受損失」「被自己無法控制的因素所操弄」「被迫獨自做出決定」等造成的焦慮或壓力之下。究竟要怎麼做，才能獲得持續投資的強健心靈呢？

心理韌性教練深谷純子說：「投資人真正需要的不是一顆不會受損的強健心靈，而是一顆即使沮喪也有能力復原的心。」

「韌性」是心理學用語，指的是從失敗或挫折中重新站起來的能力。深谷說：「重要的是能否將失敗經驗化為下一次的機會，活用教訓，成為更優秀的高績效人士。」

「如果把過去的失敗全部放水流的話，一定會重蹈覆轍。所以相較於遇到挫折後也毫不在意的人，那些會在內心糾結的人，某種程度上更適合投資。重要的是把失敗變成『正向的糾結』，而這種能力是任何人都能夠鍛鍊出來的。」

要理解韌性的鍛鍊方法，只要把人類的心，比喻為裝水的杯子即可。心就是杯子，水則是自信或活力，一旦遇上壓力，杯子裡的水會灑出來；一旦受到衝擊，杯子就會傾倒，變得空空如也。因此，如同下頁圖片所示，為了不讓水減少，必須注入水（成功經驗或知識），並盛接灑出來的水（失敗經驗）倒回杯子裡，還要在杯子底下放一張緩衝用的墊子（同伴或諮商對象）。

「想維持心靈的強韌，就需要持續進行這些作業。如果無法全部實踐的話，只做其中幾項也可以。」

此外，如果投資時感受到壓力，心情浮躁不安的話，她認為最重要的是「探究」。壓力來源是「資訊蒐集得不夠」「總是與其他人比較自己的成績」，還是因為「經常受制於外部因素」？只要掌握原因，就能找到因應的方法。

她說：「沒有投資者是完全沒有壓力的，但只要善用幾個方法，維持有彈性而積極的思考方式，就能夠從失敗經驗中學習，成長為一名更好的投資者。」

把灑出來的水倒回杯子裡

▼

接受失敗並反省檢討

冷靜分析「為什麼失敗？」「怎麼做才能進行得更順利？」正視並承認自己的弱點很重要。不妨把反省內容寫下來，貼在房間裡提醒自己，這可以幫助你把失敗轉變為積極向前的「正能量」。

散戶贏家親身實踐！

御發注：我之所以把自己取名叫御發注，就是為了紀念自己曾經下錯單，提醒別再犯那樣的錯（註：日文「御發注」音同「下錯單」）。

鋪一層厚厚的杯墊

▼

增加同伴或諮商對象

增加能夠交換資訊或互相支持的投資同伴、諮商對象，讓支撐杯子的杯墊越來越厚。尋找同伴時，可以找跟自己不同類型、各式各樣的人。碰上意外或考驗時，這些夥伴會伸出援手，幫你度過難關。

散戶贏家親身實踐！

松之助：我會透過社群媒體跟同好交換意見。另外，我也會出席成功投資家的新書發表會。

注入大量的水

▼

增加成功經驗或知識培養自信

人總是容易忘記成功的經驗，但不妨把那些經驗寫下來提醒自己，或是試著回憶當時的心情，或是寫下想要達成的目標，貼在房間裡。也別忘了不斷學習投資知識，增加自信。

散戶贏家親身實踐！

YAHMA：我會每天寫部落格確認當天交易狀況，不管輸贏都要在腦中整理，是很重要的事。

日常習慣 對投資有效嗎！？

知名棒球選手鈴木一朗，最為人所知的故事就是每天都會透過例行事項來提高注意力，同樣的道理也能套用在投資上。深谷說：「在商業培訓的世界裡，靠例行作業保持動力是常用的手法，像是『雙手握拳高舉過頭，大喊三聲』『準備巧克力等喜歡的零食，卡關時先吃一顆再思考』等方法也很有效。」

減少構成壓力的因素

▼

解決投資以外的煩惱

人一旦有煩心事就無法專心。為了能夠做出正確判斷，必須事先解決投資以外的煩惱。此外，也可以複習自己的投資日記，確認過去如何面對失敗。或是使用有放鬆效果的香氛，營造出能以最佳狀態迎戰的環境。

散戶贏家親身實踐！

松之助：為了放鬆心情，我會在房間裡點芳香精油，此外還會用插花來裝飾房間。

培養抗壓性

▼

接受錯誤，放下後悔及不甘心

暫時忘掉因為太過投入投資而引起的不甘心、後悔、憤怒等負面情緒，轉換一下思緒。可以去散步或伸展肢體，轉移注意力。此外，要知道有些事情是自己無法控制的不可抗力因素，懂得區分思考也很重要。

散戶贏家親身實踐！

夕凪：感覺不舒服時，我會打掃房間或擦拭窗戶。先把房間重新整理一遍，就能夠重整心情。

Part4
海外股投資者

享受外國企業的成長

隨著企業革新而不斷出現新創產業的美國，
以及因中產階級增加而持續擴大經濟實力的新興國家。
買進這些國家中業績成長的企業股票，即可坐享國外經濟成長的利益。
本章將介紹四招積極投資「海外股」的投資實踐術。

附錄 最強億萬投資家大公開
決勝股發掘法
附錄
億萬投資家的養成之路

註：股價與指數等數值基本上為 2017 年 2 月 3 日資料

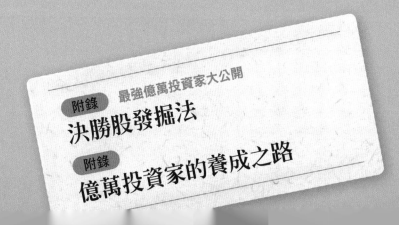

靠越南股票勝出的上班族之光

name

www9945

（40幾歲・東京都）

職業	專業投資者
投資資歷	23年
金融資產	約3億日圓

information

推特帳號
@sp500500

部落格
http://plaza.rakuten.co.jp/www9945/

著作
《年收300萬清潔員的我，存到1億的方法》
（年収300万円、掃除夫の僕が1億貯めた方法）

日本平均年薪為近四百九十萬日圓，而任職於清潔外包公司的www9945（化名）年薪僅三百萬日圓。但他靠股票把資產增加到三億日圓，更在二〇一四年成為專業投資者。

嗅出景氣變調的預兆

他現在的持股以國內外的高殖利率價值股為主，穩定賺股利。另外也集中投資成長股，等待股價大漲。若以建築來比喻，這套組合就像是高聳的東京晴空塔，再加上晴空塔下方附屬的寬敞商場——晴空鎮。

他會從街頭巷尾的細微變化嗅出景氣變調，並配合當下情況選擇最佳策略。

讓我們一起回顧他一路以來的經歷吧。在雷曼兄弟事件爆發、全球行情驟跌的二〇〇七到二〇〇九年，他鎖定了用來對抗低迷景氣的防禦型股票。起心動念來自於在清潔外包公司上班期間，當時有個合作將近三十年的汽車經銷商老客戶，突然希望大幅降低清掃頻率，這是他第一次感覺到經濟大蕭條即將到來。

後來股價在二〇〇九年三月觸底，此時他將投資標的轉換到對景氣反應相當敏感的證券與機械類股。之所以察覺到變化的預兆，是因為他發現，在滿街都是證券公司的東京兜町，有家創業九十四年、專賣股票書籍的老店竟然關門了。同時更有一家經營近二十五年的投資情報雜誌社宣告休刊。他認為當這種現象頻繁發生時，表示景氣低迷來到尾聲。

股價反彈後，二〇一〇年到二〇一一年在低檔持續了很長的箱型區間，這段時期他大量買進便宜的高殖利率股。持有滿手殖利率四％以上股票的他，還陸續取得績優股，穩定充實定期性收入來源。

二〇一二年秋天安倍行情啟動時，他還沒注意到股價變化，就先發現美元兌日圓的反轉。

www9945投資術

靠穩定＋成長一箭雙鵰

- 及早嗅出行情的變化，轉換投資策略
- 景氣不佳時投資高殖利率＆價值股，景氣好時賺價差
- 不僅投資日本股票，也積極投資海外股票

www9945實踐的「晴空塔與晴空鎮策略」

持有資產全都是股票。即使是被自己歸類為長期投資的價值股，只要有上漲的徵兆，就以成長股的方式操作，集中投資進攻。

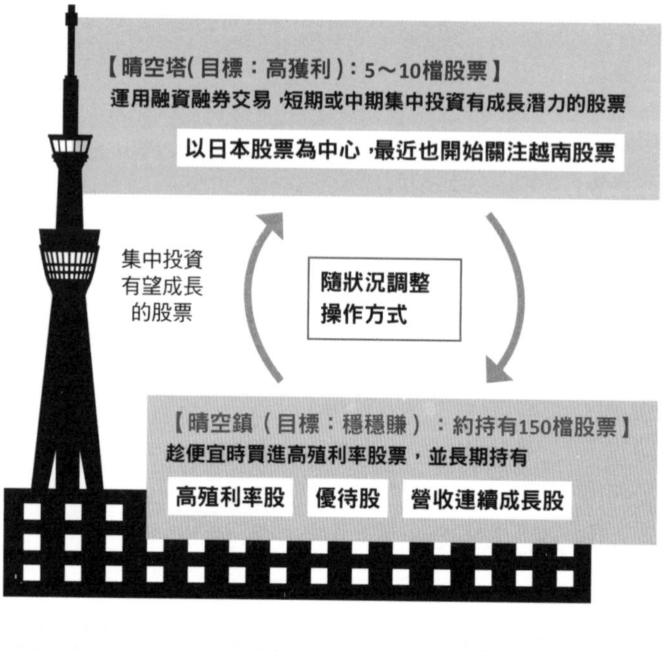
【晴空塔（目標：高獲利）：5～10檔股票】
運用融資融券交易，短期或中期集中投資有成長潛力的股票
以日本股票為中心，最近也開始關注越南股票
集中投資有望成長的股票
隨狀況調整操作方式
【晴空鎮（目標：穩穩賺）：約持有150檔股票】
趁便宜時買進高殖利率股票，並長期持有
高殖利率股
優待股
營收連續成長股

2017 年 1 月下旬時，www9945 的各國主要持股

國籍	股票名稱（代號）	股價	股價淨值比（實績）	本益比（預估）	概要
日本	FuRyu（6238）	4,820 日圓	3.07 倍	16.3 倍	販售大頭貼機器
越南	內排貨物服務（NCT）	8 萬 8,700 越南盾	5.33 倍	9.6 倍	貨物運輸
美國	奧馳亞集團（MO）	71.49 美元	–	21.6 倍	北美最大菸商
新加坡	新加坡電信（STEL）	3.85 新元	2.43 倍	15.8 倍	通訊
英國	英美菸草（BATS）	4,963 英鎊	14.36 倍	17.3 倍	香菸
印尼	印尼電信（TLKM）	3,950 盧比	4.05 倍	17.2 倍	最大國營通訊
泰國	泰國自來水（TTW）	10.6 泰銖	3.71 倍	15.2 倍	上下水道供給公司
菲律賓	環球羅賓娜（URC）	162 披索	5.22 倍	24.6 倍	最大食品商
馬來西亞	海尼根大馬（HEIM）	15.82 令吉	13.58 倍	16.2 倍	啤酒

國別圓餅圖

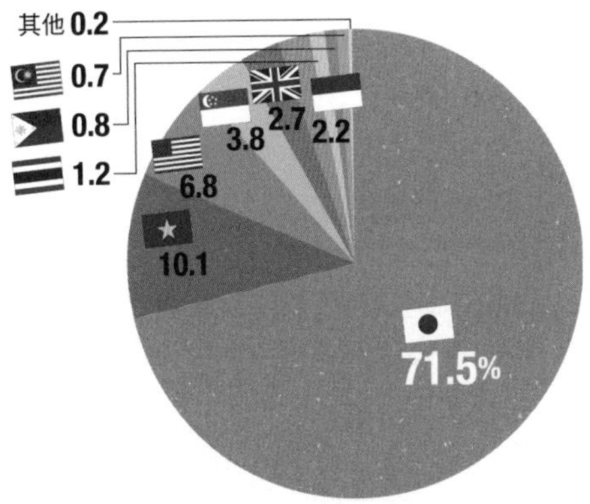

由於預期景氣會好轉，因此他集中投資趨勢反彈時會比較強勢的證券類股。這樣的操作讓他迅速擴大資產。

二〇一六年，他將部分股利拿去買亞洲新興國家股票，因為預測「越南勞動人口將持續增加到二〇二〇年，印尼是二〇三〇年，菲律賓是二〇四〇年，經濟成長空間很大」。

身為高齡者的優勢

如果國內市場擴大，當地企業業績成長的話，不僅股價會上漲，股利也會增加。再加上當地貨幣價值會隨著經濟成長而提高，用日圓換算下來，股價或股利的金額也會增加。他表示：「股票價值會因為股價、股利與匯率而提高。」

二〇一六年三月，他造訪了印尼首都雅加達，六月造訪越南胡志明市。在街上走一圈後發現：「四處都有建設工程，跟高度成長期的日本一樣。」

深入調查後，他主要買進的越南股是經手建材或日用品、食品、醫藥品等生活必需品，還有製造或販賣香菸、啤酒等嗜好品的公司股票。其中也有像辦公用品製造商天龍集團（TLG）這種股價在買進後上漲超過十倍的股票。

「這種投資型態，就像買進日本在高度成長期時需求或消費大幅成長的產業股票。日本高齡者都經歷過高度成長期，知道哪些東西會賺錢，在投資新興國家股票時具有優勢。」

二〇一六年十一月美國總統大選後掀起川普行情，資金都集中在美國股市。當時亞洲新興國家因為資金流出，面臨貨幣貶值與股價下跌的局面。對此他認為：「亞洲新興國家股票是長期投資，只要靜靜等待風暴過去就好。收到股利以後，再慢慢增加部位。」

他強調投資海外股的好處：「一旦日圓暴跌，日圓部位的資產價值會顯著減少。為了預防這種風險，持有外幣部位資產比較有利。」另一方面，他也指出投資亞洲新興國家個股的難處，在於蒐集個別企業的資訊。「人在日本的話，就沒辦法親自使用新興國家企業的商品或服務，很難確認究竟好不好用或是受不受歡迎。」

因此他推薦的另一項投資，就是投資「商品或服務在日本也十分普及的美國企業股票」。例如麥當勞、P&G、亞馬遜、蘋果等大公司，在全世界的市占率都數一數二，而且還靠著企業併購持續擴大市占率，因此成長空間也很大。

關於美股投資，他提出兩點注意事項：一是要趁著本國貨幣升值時，事先兌換買進美股所需的美元，因為如果用本國貨幣貶值時兌換的美元買進美股，日後即使股價上漲，也很有可能因為本國貨幣升值而相互抵銷；其二則是要在股價便宜時買進，例如當道瓊等美股指數不斷創新高時，就不是很好的買進時機。

持續買進美國增配股的席格爾信徒

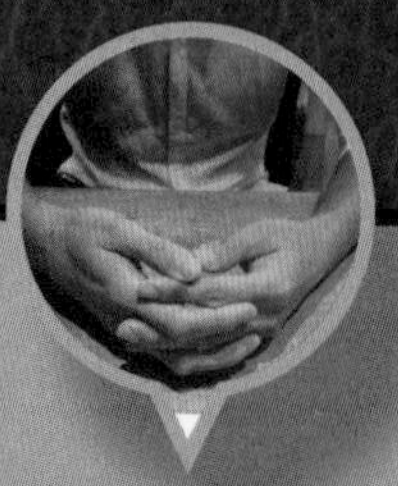

name

巴菲特太郎

（30 幾歲・愛知縣）

職業	專業投資者
投資資歷	**11** 年
金融資產	數千萬日圓

information

推特帳號
@buffett_taro

部落格
巴菲特太郎的祕密投資組合（美股股利再投資策略）
http://blog.livedoor.jp/buffett_taro/

巴菲特太郎（化名）捨棄日本股票，投入美股投資。他幾乎每天更新部落格，介紹投資法或投資績效，深受對美股有興趣的投資者歡迎。

他最初投資股票是二十三歲時的事，主要買賣標的是日本的中小型股，每年投資報酬率有六%到八%，但在研究企業分析方法的過程中，他逐漸對日本股票投資產生疑慮。

因為美國企業的營業利益率或ROE（股東權益報酬率）等明顯較高，股利發放情況也更理想。日本企業中連續二十年以上增加配息的，只有花王等少數幾家企業而已，美國卻超過一百家。

跟著華頓商學院教授學投資

他在二〇一五年賣掉全部的日本股票，因為他從過去的經驗法則來看，一旦美國開始升息，日圓反而會升值，那麼當時因日圓貶值而帶起的安倍經濟學行情就會告終。他的投資標的以飲料商可口可樂等防禦型股票為主，持有十家持續增加配息的大型優質企業股票。

他實踐的交易之道，是指數型投資權威—美國賓州大學華頓商學院教授席格爾在著作《投資者的未來》（*The Future for Investors*）中所提倡的股利再投資策略。每半個月一次，買進當時整體持股中占比最低的股票，讓每檔股票的比率都維持在十分之一，慢慢增加整體持股。這種概念就像定期買進由十檔大型優良股所構成、與指數連動的ETF（指數股票型基金）。

這個「巴菲特太郎自創ETF」投資法，在二〇一六年報酬率比年初增加一一．五%（含股利再投資的美元績效）。僅稍低於與美國標普五百指數連動的「**iShares核心標普五百指數ETF（IVV）**」配息再投資的報酬率一一．九%。「由於我投資很多高殖利率股，因此在利息上升局面下的報酬雖然比較不出色，但在行情走弱時卻會表現得比較穩定。我會忽略市場的短期性波動，持續進行現在的投資。」

操作績效走勢圖

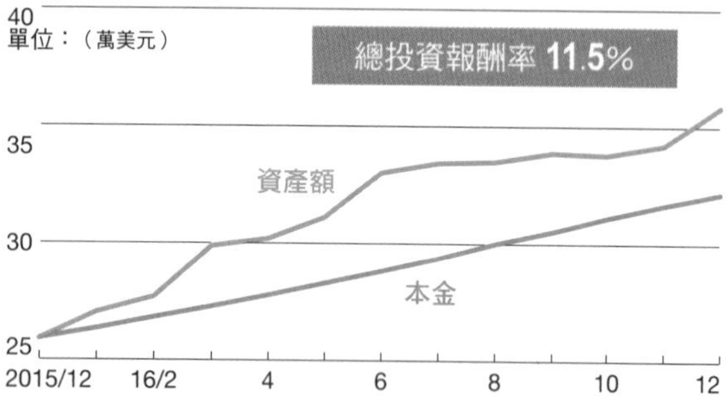

註：股利再投資是用「名目投資額」－「股利分配」＝「實質投資額」計算而成。

「巴菲特太郎自創 ETF」的個股清單與占比

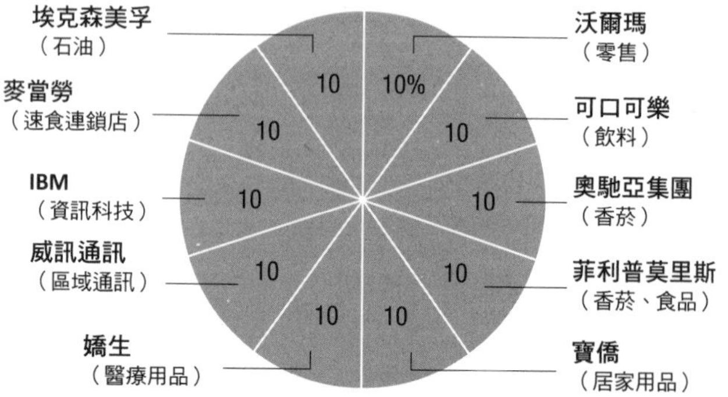

註：括弧內為業種

name
mushoku2006
（40幾歲．愛知縣）

職業	專業投資者
投資資歷	22年
金融資產	1億8,500萬日圓

information
推特帳號
@mushoku2006
部落格
全年生活費100萬日圓！
36歲開始的
超小氣退休日記
http://blog.livedoor.jp/mushoku2006/

靠美國企業的成長與創新賺大錢

靠著投資日本個股累積將近一億日圓資產的mushoku2006（化名），在二〇〇六年退休。然而在二〇一四年底，他開始不看好日本股票，轉而投資美股。因為他認為「日本人口持續減少，經濟前景並不樂觀，要從市場中創造利益恐怕有難度」。吸引他目光的是已開發國家中，人口持續增加且可以期待經濟成長與創新的美國。

話雖如此，他不敢貿然買進自己不熟悉且很難取得資訊的美國個股，便買進美國ETF的「**SPDR非必需消費類股**」（**XLY**）與「**SPDR必需性消費類股**」（**XLP**），一邊穩健地操作由防禦型股票構成的XLP，一邊期待亞馬遜占比很高的XLY大幅上漲。

目標是突破自己的獲利紀錄

他的資產順利增加，總市值在二〇一五年夏天達到二億日圓。這時他開始想挑戰個股交易，便買進美國製藥大廠默克（Merck）。買進理由是其產品與日本小野藥品工廠研發的癌症藥物「保疾伏」為競爭藥品，他認為未來發展可期。但這次的投資以失敗告終。

在對美國藥價過高的批判聲浪下，民主黨前總統候選人希拉蕊主張「藥價管制」，醫藥品相關的股票應聲大跌，他只好趁著股價稍微反彈的時候統統脫手。

之後，他的策略是穩健操作與美國標普五百指數連動的「**Vanguard S&P 500 ETF**」（**VOO**），並期待包含蘋果等股票在內的「**SPDR科技類股ETF**」（**XLK**）與XLY會大幅上漲。結果二〇一六年底的操作績效比前一年增加八．四一%。比含配息在內的VOO報酬率低〇．七七點。

受到XLY成分股中的百貨公司等零售業業績不振影響，他重新調整投資組合。原本打算先賣掉XLY，再加碼買進XLK。不過最後還是選擇回歸對美國企業創新期待的初衷，買進個股。

他把XLK全部賣出，也賣掉一部分XLY以籌措資金。接著買進了科技及消費類股中，具有創新精神的十四家企業股票，然後再從中精挑細選，最終鎖定微軟（MSFT）與Google母公司Alphabet（GOOG）這二檔股票。他的當前目標，是突破過去最高紀錄的二億日圓資產。

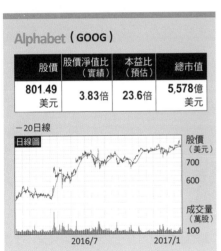

Alphabet（GOOG）

股價	股價淨值比（實績）	本益比（預估）	總市值
801.49美元	3.83倍	23.6倍	5,578億美元

持股圓餅圖

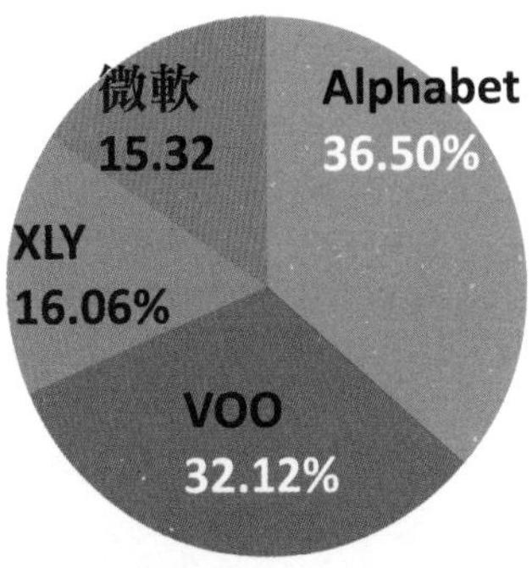

註：持股圓餅圖為2017年2月3日資料

布局美國生技股的投資醫師

name

delamoney
（50幾歲・愛知縣）

職業	專業投資者
投資資歷	**17** 年
金融資產	**9,000** 萬日圓

information

推特帳號
@delawemon

部落格
『dela ☆ money』
靠價值投資
達成提早退休
http://plaza.rakuten.co.jp/delamoney/

delamoney（化名）是一位執業醫師，工作之餘也會投資股票。

他視美國醫藥品類股大跌為進場良機，買進了美國製藥公司及生技新創的個股。

以往他都集中投資日本婚禮公司愛思禮，但當他發現這家公司在二〇一六年三月期第一季的決算增收減益，便賣出持股。在尋找新的買進標的期間，剛好碰到美國醫藥品類股重挫。

「明明基本面完全沒變，但平常本益比有二十到三十倍的股票，全都跌到十五倍左右。主要生產愛滋病藥物與C型肝炎藥物的**吉利德科學（GILD）**更是跌到七至八倍。我想這是一輩子難得一次的進場機會。」

無懼利空消息，勇敢續抱

現在他的主要持股除了吉利德科學，還有共同研發與販售日本小野藥品工業癌症藥物「保疾伏」的美國大型製藥公司必治妥施貴寶（BMY）、世界最大非專利藥廠的以色列企業梯瓦製藥工業（TEVA）等九檔大型股，以及主要生產法布瑞氏症等罕見疾病藥物的Amicus Therapeutics（FOLD）等四檔中小型股。

二〇一五年底的持股總市值約有一億日圓，但在二〇一六年上半年的混亂行情中，一度減少到七千萬日圓。在川普總統的「藥價過高」言論影響下，製藥類股疲軟走跌。即使如此，他認為「共和黨過半的議會並不會贊成管制，所以應該沒有那麼容易實現」，便維持續抱的策略。

他是曾經留學美國並參與醫療基礎研究的專家，也會詳讀製藥企業在學會發表的英文論文，分析新藥的研發狀況。他認為，一般散戶投資者買進美國製藥企業的個股，不見得是明智之舉。

因此作為取代個股的投資標的，他建議可以考慮「**iShares納斯達克生技ETF（IBB）**」，這檔ETF當中含有許多他自己的主要持股。

吉利德科學（GILD）

股價	股價淨值比（實績）	本益比（預估）	總市值
72.34 美元	7.76倍	6.7倍	953 億美元

大型生物製藥公司主要生產愛滋病藥物、C型肝炎藥物

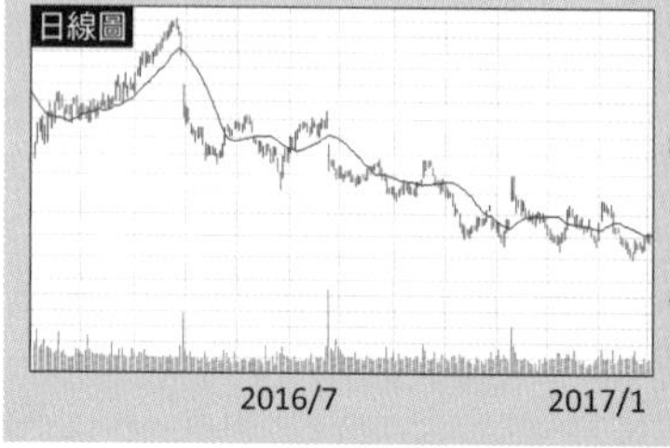

iShares納斯達克生技ETF（IBB）／美國貝萊德

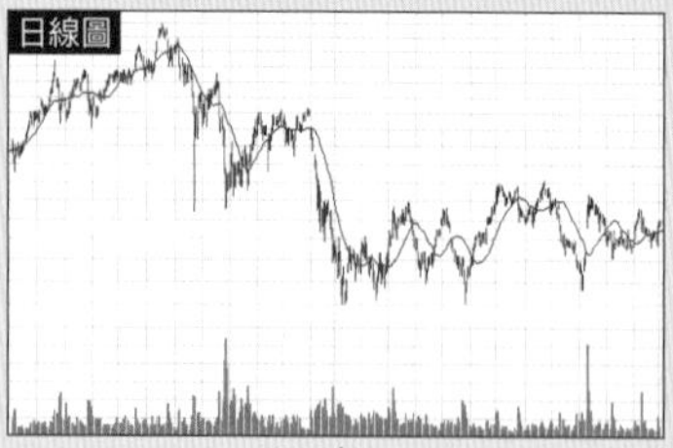

市場價格	283.05 美元
淨資產總額	82 億 1,144 萬美元
漲跌比率（1年／3年）	▲21.53%／5.47%
總管理費用	0.47%
成立日期	2001 年 2 月

期待上漲的主要持股

公司名稱（市場・代號）	股價（單位）	股價淨值比（實績）	本益比（預估）	總市值
Wedge控股（JQ・2388）	1,400日圓（100股）	4.62倍	49.6倍	496億6,800萬日圓
Ichiken（東1・1847）	452日圓（1,000股）	1.34倍	6.5倍	164億2,600萬日圓
J Trust（東2・8508）	1,206日圓（100股）	0.87倍	942.1倍	1,356億9,200萬日圓
昭和控股（東2・5103）	265日圓（100股）	2.40倍	39.9倍	200億9,200萬日圓
AVANT（JQ・3836）	950日圓（100股）	2.62倍	22.8倍	89億1,800萬日圓
相模橡膠工業（東2・5194）	1,097日圓（1,000股）	3.06倍	18.3倍	119億9,800萬日圓
JIA（MOTHERS・7172）	3,530日圓（100股）	7.99倍	31.8倍	434億5,600萬日圓
Vision（東1・9416）	3,595日圓（100股）	4.11倍	38.9倍	291億8,600萬日圓
中央汽車工業（東2・8117）	1,177日圓（100股）	1.09倍	9.7倍	235億6,300萬日圓
Wellnet（東1・2428）	1,312日圓（100股）	2.92倍	29.7倍	254億5,200萬日圓

DAIBOU CHOU
（網路化名）

金融資產
數億日圓

因為資金枯竭而錯失買點

不少投資者經歷慘痛失敗後，都會在下一次投資中記取教訓。以下就透過兩位金融資產超過一億日圓的大師親身經歷，看看他們如何避免重蹈覆轍。

第一個要介紹的例子是靠著股票投資，在二〇〇六年將資產增加到十億日圓而備受矚目的專業投資者DAIBOUSHOU。他至今為止最後悔的失敗經驗，就是購買海外的私募基金。

當時雷曼兄弟事件剛爆發，他的持股隨之暴跌，資產大幅減少。在討厭股票的太太強烈要求下，他決定賣掉所有持股換成現金，拿去購買租賃用不動產。這時突然有人找他加入投資越南未上市股票的私募基金，他一時鬼迷心竅，決定貸款去買租賃用不動產，原本的資金則拿去購買私募基金。

然而私募基金的價格不但大跌，貸款也沒有通過，最後只好向太太娘家借錢購買租賃用不動產。由於私募基金在到期前不能解約，因此他面臨了投資用資金枯竭的狀況。直到租賃用不動產產生收入與私募基金還款後，他才終於有一筆資金，能夠從二〇一一年開始重新投資股票。

他的反省是，當初不該購買「不能想賣就賣」的商品。雪上加霜的是，如果他不是專職投資者，而是有公司收入的上班族，也就不會錯失雷曼兄弟事件後的進場時機。

現在他把所有資金都用來投資。以二〇一七年一月底的持股為例，共有一百一十五檔，持有金額前十名的股票如上方表格所示。**Wellnet**以外的股票，都是二〇一六年下半年買進的。

他認為：「錢存在銀行裡沒什麼利息，不如買股票領股利或優待品。」現在他打算等日經平均股價指數跌破一萬日圓的絕佳進場時機到來時，賣掉不動產以籌措操作資金。

DAIBOUCHOU從失敗中
學到的教訓

1. **投資流動性高的資產**
2. **先準備好進場時機到來時的買進資金**
3. **金融資產3億日圓左右的話，最好把投資當作兼職**

www
9945
（網路化名）
金融資產
約3億日圓

www9945從失敗中
學到的教訓

1. 不集中投資單一個股
2. 不買由母公司等特定公司出資的股票
3. 避免使用股票質押融資

差點因為股票跌停而退場

在清潔公司上班之餘，從事股票投資的www9945，累積超過二億日圓資產後就搖身一變，成為專業投資者。他的資產在二〇一七年一月下旬已增加到三億日圓。

目前他一邊靠著持股股利過生活，一邊用部分股利買進越南或印尼等亞洲新興國家的股票。

最大失敗：用股票質押融資大量買進

「那是我最大的敗筆。」

www9945回顧二〇〇七年，為了起死回生而做的錯誤投資。原本到二〇〇五年為止，價值股投資都很順利，但後來的報酬率卻漸漸不如預期，陷入持股陸續停損的狀態。

就在這時，他服務的清潔公司有個汽車經銷商客戶，要求大幅減少清潔次數，從一個月二次變成一個月一次，廁所交由公司員工自行打掃。他從中察覺到「經濟會愈來愈蕭條」，便開始思索有哪些股票可以對抗不景氣。

他想到的是債權回收公司，也就是世尊信用卡旗下專門協助回收債權的子公司JPN債權回收。該公司後來與其他公司整併，成為Saison Personal Plus的子公司，目前已經終止上市。

他回顧道：「因為是世尊信用卡的子公司，所以我評估資本應該很穩定，此外這家公司收益比前一年度增加三〇%，在成長性方面也沒問題。」

於是他不僅以現股買進該公司的股票，還用「股票質押融資」把那些股票拿來做擔保，加碼買進同一檔股票集中投資。包含融資融券交易在內的投資成本是二千多萬日圓，高達當時總操作資金三千萬日圓的三分之二。

然而第一季財報公布，他原本預期至少會比前一年同期增加一〇%的盈餘，沒想到實際上卻減少了五〇%。隔天湧入大量賣單，股價立刻跌停。

他決定停損出清，二十萬左右買進的股票，全部賣完時的價格是十四萬六千日圓，損失將近八百萬日圓。

切身體會到恐懼

他懊惱地回憶道：「當股價持續跌停，被追討追加保證金時，因為資金不足，差點被迫退場。」

為什麼原本順利成長的公司會一下子盈餘減少五〇%呢？他懷疑是受到母公司的影響。「我深刻意識到，子公司業績會在母公司衡量下有所改變，這種股票絕不能買。」

此外，他也切身體會到集中投資單一個股及利用股票質押融資的可怕。此後他雖然還是會做融資融券交易，但再也沒做過股票質押融資了。

贏家的觀點：決勝股發掘法

我們是基於這個原因
買進這檔股票的！

投資贏家
關注的
重點是？

以中長期價差為目標的基本面投資者，究竟是看中哪一點，
又出於什麼樣的想法來選擇決勝股呢？
本單元請到七位在成功與失敗經驗中不斷擴大資產的投資贏家，
聊一聊他們手中的主要持股。以下就來介紹其中的十一個案例。

本單元採訪的投資贏家一覽表

註：名字皆為網路化名，年數為投資資歷

金融資產 約**2.3**億日圓

御發注
（30歲後半）
兼職・14年

雷曼兄弟事件後，順利擴大操作資金。2013年成為「億人」。其後在安倍經濟學行情中將資產翻倍。

金融資產 約**1**億日圓

PENTA
（30歲前半）
專業・7年

在雷曼兄弟事件後的股市低檔開始投資，靠長期投資穩定擴大資產。喜歡透過詳細分析後進行穩健投資，避免因趨勢變動而時喜時憂。2015年成為專業投資者。

金融資產 約**2**億日圓

六助
（40歲前半）
兼職・15年

2008年次貸危機行情低迷時，看準日本便宜的股價，從投信的定期定額轉為集中投資個股。其後大幅擴大資產，順利實現以現金買房的夢想。

金融資產 **數千**萬日圓

AKI
（40歲前半）
兼職・16年

一邊上班一邊投資。次貸危機、雷曼兄弟事件時，資產一度減少到一半以下，但熬過這場風暴後，2012年重新展開投資。其後操作績效連年超過30%。

金融資產 約**1.5**億日圓

Bkomi
（37歲）
兼職・17年

從小學就對股票很感興趣。擔任過證券公司交易員、保險公司基金經理人。從當沖到中長期投資法皆有涉獵。目前也經營投資教學的公司。

金融資產 **數**億日圓

DAIBOUCHOU
（40歲前半）
專業・16年

靠著集中投資不動產類股等手法，6年內將200萬日圓增加到10億日圓的超強投資者。雷曼兄弟事件時曾經歷資產減少到一半以下的失敗，之後轉而投資價值股。

金融資產 約**2.5**億日圓

www9945
（40幾歲）
專業・23年

年收僅300萬日圓，卻在20年內累積2億日圓資產的上班族之光，目前是專業投資者。擅長在第一時間察覺趨勢的變化。除了日股外，同時也投資越南等海外股票。

個股分析專家

NSN　分析師
宇野澤茂樹

曾任證券公司交易員、投資資訊公司分析師。在本單元中，將從基本面進行分析。

DZH金融研究
日本股資訊部長
東野幸利

曾任證券公司資訊部、信託銀行交易員。在本單元中，將從技術面與需求面進行分析。

不二製油集團總公司

（東1・2607）

用股票對抗不景氣！

主要關注的投資者

www9945

業務內容是以油品、甜點麵包材料、大豆蛋白為主的食品材料開發與販賣。讓巧克力變滑順的植物油原料，在全世界的市占率數一數二。隨著美國掀起健康風潮，棕櫚油事業也日益成長，預期未來會連年增加配息。

股價	2,112日圓
PER	15.1倍
PBR	1.3倍

www9945的主要買進時期

2016年9月上旬

當時

股價	2,016日圓（9月1日）
PER	17.3倍
PBR	1.22倍

周線圖

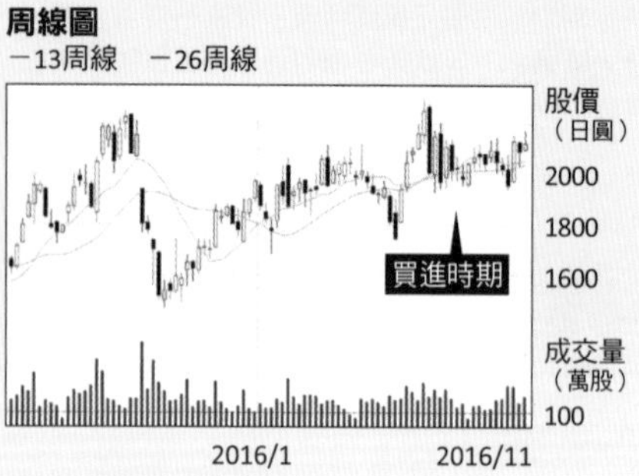

接下來的投資策略

基本面觀點 ▶▶ by 分析師宇野澤

目標股價 最高 2,450日圓 最低 1,800日圓

甜點麵包材料業績很好，2017年3月期盈餘創下七年以來的新高。良好業績不僅反映在股價上，並且公司所規畫2021年3月期以前的次期中期經營計畫，都將成為投資者關注的股價題材。

技術面觀點 ▶▶ by 分析師東野

目標股價 最高 2,500日圓 最低 1,800日圓

股價波動劇烈是一大特徵，但整體趨勢持續向上，到26周線為止的調整期間是拉回買進的好時機。融資與融券餘額相當，需求面的不安因素較少。26周線持續上揚，創新高只是時間的問題。

「忍不住來一口」是最強大的需求

www9945擅長從日常觀察中挖掘成長股。最近他關注的是不需要投資高額設備、只要持續大量製造同一項商品即可創造盈餘的生活消耗品類股。而他選中不二製油集團總公司的契機，來自於去印尼、越南、中國等國家挖掘有潛力的外國股票時，從「街頭觀察」中得到的靈感。他的行動力非常值得效法。

拜訪印尼或越南等國家時，他曾在貧困階層居住的區域逗留，並注意到當地居民即使貧窮，還是會習慣性喝酒、抽菸或吃巧克力等甜食。相較於中國都市地區，可以看到當地人相當注重健康飲食，發展中地區並沒有這種餘裕。他心想：「這種『忍不住來一口』的高度習慣性嗜好品相關股票，就算在景氣蕭條時也很穩健。」回國後便迅速展開調查。

他開始調查巧克力、甜甜圈、香菸等世界性嗜好品製造企業，發現資產報酬率及營業利益率相對較高的巧克力極具吸引力。接著他開始確認該領域中哪些股票還很便宜，便找到了這家製造巧克力必要原料的公司。

該公司的主要產品「植物油」是讓巧克力變滑順的原料。得知這家公司在該領域市占率數一數二後，他的投資意願更是高昂。他在二〇一六年買進股票時，預測該公司在二〇二〇年前於亞洲巧克力市場的年成長率將達到六%。此外，該公司在二〇一五年與二〇一六年先後收購巴西與馬來西亞的巧克力公司，逐步強化亞洲市場的基礎，讓他在股票發掘之旅中感受到未來的可能性，這正是他看好的原因。

指點迷津！重點

1. 全球數一數二的市占率
2. 具有讓消費者戒不掉的「習慣性」
3. 受惠於亞洲人口的成長

FuRyu

（東1・6238）

使用者持續激增

主要關注的投資者

www9945

拍貼機及夾娃娃機等商品販賣事業發展順利。拍貼機市占率七成。此外，透過手機瀏覽拍貼機照片的付費服務會員人數持續增加，有助於提升收益。

股價 3,300日圓
PER 11.2倍 **PBR** 2.1倍

www9945的主要買進時期
2016年8月

當時
股價 2,699日圓（8月1日）
PER 9.9倍 **PBR** 1.83倍

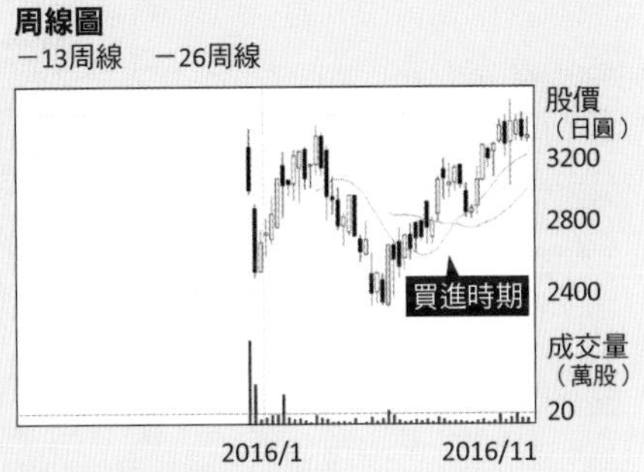

接下來的投資策略

基本面觀點 ▶▶ by 分析師宇野澤

目標股價 **最高** 3,700日圓 **最低** 2,800日圓

國內事業已經成熟，今後海外展店的進度應該會成為關注焦點。股價緩漲突破上市以來新高，但我認為短期間內沒有大幅上漲的空間。若能增加配息的話，或許有可能帶來驚喜。

技術面觀點 ▶▶ by 分析師東野

目標股價 **最高** 4,360日圓 **最低** 3,050日圓

上市以來不穩定的動向逐漸趨向穩定，其後更創下上市以來的新高，顯示2016年當時的下跌行情其實是打底完成。趁著反彈賣出以後，隨著成交量的增加，後續也開始出現追漲的行情。

關注「淺而廣」的商業模式

www9945從今年夏天開始買進的FuRyu，是根據其街頭觀察後所找到的股票。之所以會對拍貼機感興趣，是因為他在三個不同場景下，偶然發現一個共通點。

一是在東京池袋街上，他看到年輕女性與男朋友走在一起，眼睛盯著自己手機裡的畫面，那是用拍貼機拍攝的照片。二是他帶姪子去池袋的遊樂中心時，看到二樓設置很多裝飾華麗的拍貼機，其熱門程度令人吃驚。三是夏天去北海道旅行時，地下鐵內有一對年輕情侶與池袋那時一樣，兩人一起看著手機裡的拍貼機照片。

由於與三個場景相關的全是FuRyu的事業，他一查之下發現，該公司的拍貼機事業市占率高達七成，付費使用手機讀取拍貼機照片服務的會員更超過一百六十一萬人，每季財報數字都持續向上成長。

值得注意的是，付費會員的月會費只要三百二十四日圓，而且費用會與手機通訊費一起從信用卡或銀行帳戶扣款。他認為這種機制容易使人與通話費混淆在一起，最後就忘記要解約，透過「淺而廣」的方式穩定累積收益。

此外，該公司是由前歐姆龍娛樂的經營團隊透過管理層收購（MBO）成立的公司。許多大股東都是該公司董事，一來不易出售，二來也可以期待他們可能會有較高的意願增加配息。

著眼於這種股東結構並評估穩定性的切入點，可以作為各位投資的參考。

指點迷津！重點

1 市占率高達七成

2 會費低廉，不易被使用者解約

3 會員增加中 可以期待配息增加

關注重點 能創造經常性收入的商業模式最讚！

Giga Prize

（名古屋Centrex・3830）

網聚時的意外發現！

主要關注的投資者 PENTA

網際網路供應商FreeBit的子公司。業務內容是替公寓大樓提供網路安裝服務、加強與公寓管理公司的合作，與分售及租賃業績同步成長，發展值得期待。

「不容易被解約」的吸引力

對於選股時重視業績及商業模式的PENTA而言，Giga Prize是其四檔主要持股之一。他在投資人的網聚上聽說這檔股票，但真正決心投資是在財報上發現業績大幅攀升的時候，他認為這家公司業績容易預測，股價波動平穩，有望獲取可觀的報酬率。這種透過從固定客源身上定期獲得使用費的商業模式，藉此創造經常性收入的企業，是他偏好投資的對象。同時他也很重視企業營收有沒有以現金入帳，而非掛在帳上變成應收帳款。

出於這樣的想法，他集中投資那些能增加固定客源、業績預期會平穩上升、更加穩健的企業來增加資產。

光看這家公司的業務內容就知道，這無疑是PENTA鎖定的商業模式，但他更關注的是顯而易見的業績成長。由於業績尚未反映在股價上，因此他判斷正是買進的好時機。

其後，股價雖然如他所料上漲到二倍以上，但他還打算繼續持有。因為該公司的服務具有讓使用者「不容易解約」的特性，所以他認為可以維持穩定的收入。合約對象是公寓的屋主，使用者則是建築物的居民。他推測屋主以整幢建築物來簽訂網路合約，可能是想要以「免費網路」作為吸引房客的賣點，而且導入之後也很難解約。

在持有該公司股票的同時，他也會注意有沒有競爭對手出現。他會參加不動產博覽會，確認有哪些參展企業，也會從業界人士閱讀的租賃報刊等了解產業動向。

股價 4,505日圓
PER 15.4倍　PBR 4.67倍

PENTA的主要買進時期
2015年11月
當時
股價 2,330日圓（11月2日）
PER 9.7倍　PBR 3.22倍

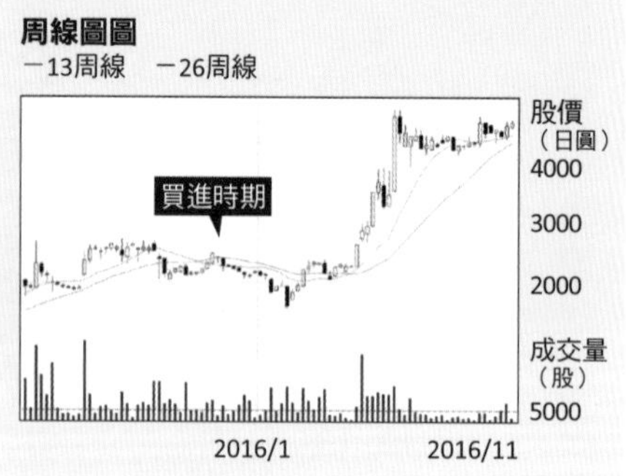

接下來的投資策略

基本面觀點▶▶ by 分析師宇野澤

目標股價　最高 5,500日圓　最低 3,500日圓

預計前期投資的負擔會增加，但分售或租賃公寓大樓服務的穩定成長可能可以吸收。雖是高ROE股票，但從股價指標來看是十分便宜的價位。短期間內股票欠缺流動性，處於等待動能到來的狀態。

技術面觀點▶▶ by 分析師東野

目標股價　最高 5,500日圓　最低 3,800日圓

持續維持在6月形成的周K長紅線範圍內，基本上可以期待在高檔震盪之後向上突破。隨著13周線與2周線越來越近，股價噴出的日子看起來不遠了。另一方面，由於股價已在高檔，最好隨時保持警覺，有賺就先入袋為安。

指點迷津！重點

1 近期業績很好

2 商業模式能創造經常性收入

3 賣方與買方是「雙贏」關係

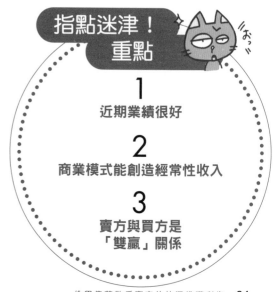

Genky

（東1・2772）

從網路上挖到寶

主要關注的投資者

AKI

以福井縣為據點，在岐阜縣、愛知縣開設藥局分店。除了化妝品、衛生紙等日用雜貨，也看準高齡與雙薪世代人口成長的趨勢，推出自製的平價熟食。新店面陸續轉虧為盈，預計盈餘將創新高。

看準新店面陸續轉虧為盈而買進

AKI鎖定的股票都是過去三年營收比前期增加一〇%，且營業利益增加二〇%，有股價上漲題材的股票。二〇一六年十月，他買進Genky的股票。雖然他一直持續注意這檔股票，但正式進場是在當年十月公布第一季財報，營業利益出現顯著成長的時候。

他立刻上網調查企業背景，發現在他定期追蹤的知名投資者部落格上，有篇文章在分析Genky的財報，並因此得知該公司正以福井、石川、岐阜、愛知等特定區域為中心，從二〇一五年二月開始陸續拓展三百坪大小的中型店面，如今這個拓展策略正要開花結果。雖然各店面在展店初期都處於虧損狀態，但隨著知名度上升，也陸續轉虧為盈。而且當時在新店面之中，轉虧為盈的還只有四成而已，他認為日後的成長幅度會更大。

AKI預估未來的EPS（每股盈餘）會再向上成長。如果按現在的股價來計算，本益比會降低到十倍左右，算是相當便宜的水準。

或許對於不熟悉業績分析的人而言可能會有點難度，但像AKI這樣先參考其他投資者的部落格再進行投資，也是一種方法。

COSMOS科摩思就是在特定區域集中展店，並靠著這種優勢策略成功的案例之一。當時AKI錯過投資機會，只能眼巴巴地看著股價漲到十倍以上。他認為Genky也有可能出現類似的情形，並打算抱著期待繼續持有。

指點迷津！重點

1. 業績轉虧為盈，預感股價準備起漲
2. 集中展店後知名度有望提升
3. 與十倍股成功案例相似的模式

股價 5,380日圓

PER 16.2倍　PBR 2.86倍

AKI的主要買進時期

2016年10月

當時

股價 4,045日圓（10月3日）

PER 14.1倍　PBR 2.26倍

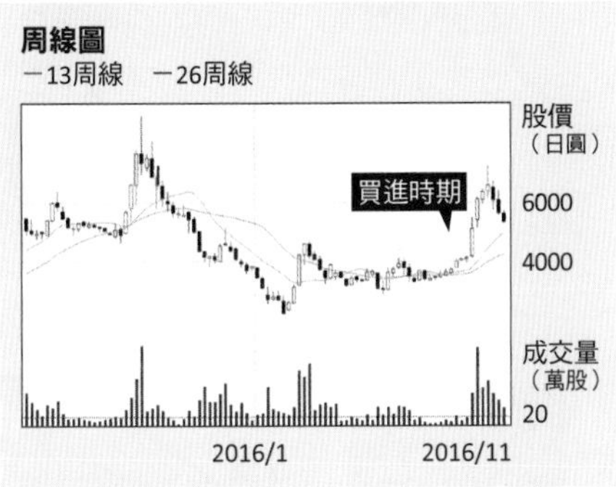

接下來的投資策略

基本面觀點 by 分析師宇野澤

目標股價 最高 8,500日圓 最低 4,000日圓

該企業看準北陸新幹線將在2022年底延伸到福岡縣內，準備以擴大該地區的市占率為目標。競爭雖然激烈，但優勢地區仍有擴展空間，相信能夠維持正向成長。以藥妝店類股來說，股價還是相對便宜。

技術面觀點 by 分析師東野

目標股價 最高 6,900日圓 最低 4,720日圓

周線連續三根黑K是負面題材，但還是可以期待持續上升的13周線能夠支撐反彈。不過超過6,000日圓以後賣壓沉重，因此成交量增加是向上突破的條件。也可能有無法到達6,000日圓，變成兩段式下跌的風險。

重視企業基本面的投資者在整體行情走弱時，究竟會採取什麼樣的策略？

AKI會參考五十二周線與日經平均股價指數（月線）的位置，判斷長期股價趨勢的轉捩點。若日經平均股價指數高於五十二周線，代表整體行情強勢；反之則代表處於弱勢的時期。

即使整體走弱，只要自己預想的成長藍圖沒有改變，股價也沒有跌破買進價二○%的股票，就繼續持有。取而代之地，在弱勢行情中，他會將現金比率提高到操作資產的三成左右，為下次的進場時機做準備。只要先減少投資比例，就算持股的股價砍半，操作資產的減損率還是會比那低。

當日經平均股價指數在十月中旬後向上突破五十二周線、再度轉強時，正是提高投資比例，積極進攻的時期。

至於個股的比重，他也一樣根據每檔股票的五十二周線去做調節。向上突破五十二周線，轉為上漲趨勢的股票，優先提高比重。反之，呈現下跌趨勢的股票則減少比重，暫時觀望。

Column 聰明 投資者的風險管理 以散戶贏家AKI、御發注為例

用52周線判斷趨勢強弱

散戶投資者御發注也是同樣的想法。日經平均股價指數高於五十二周線的話，就動員所有操作資金全力買進；低於的話就把現金比率提高到三成，進行保守穩健的操作。

確實做好停損停利

當自己選中的股票股價意外下跌時，AKI會按照前述原則，在未實現損失到達二○%時停損；至於御發注則沒有設定明確的標準，他表示：「除非我所預期的股價成長藍圖破滅，或是出現其他更吸引人的股票，否則我幾乎不會停損。」

關於獲利了結的時機，AKI的原則是「任何股票只要本益比超過三十倍就停利」。股價一度上漲後，跌破十三周線的話，這也是一個獲利了結的基準。

御發注只要認為一檔股票的題材已經反映在股價裡，就會獲利了結。其他獲利了結的候補時機還有三個：①上方修正等正面題材公布一個月後；②《公司四季報》等揭露題材當期的下一號發售時；③如果是年成長率估計有二○%的股票，就在本益比到達二十倍時。

有時即使出現新題材，也有可能其他投資者早已得知消息，股價已經上漲完畢了。作為分辨股價是否漲完的依據，御發注會利用可以從證券公司交易工具中查看的「布林通道」。這是應用統計學的方法，根據過去的股價變動標示出「股價的上下幅度大約會收在哪個範圍內」的指標。用均線正負一σ（左圖的紅線）與二σ（綠線）來標示，若以一般的行情來說，股價大多會收在上下二σ範圍內。超過二σ的水準就是上限與下限的參考值。「當有題材出現時，股價如果在正一σ到正二σ附近起伏的話，通常表示已經反映在股價上了。」這時他就會保持觀望而不進場。

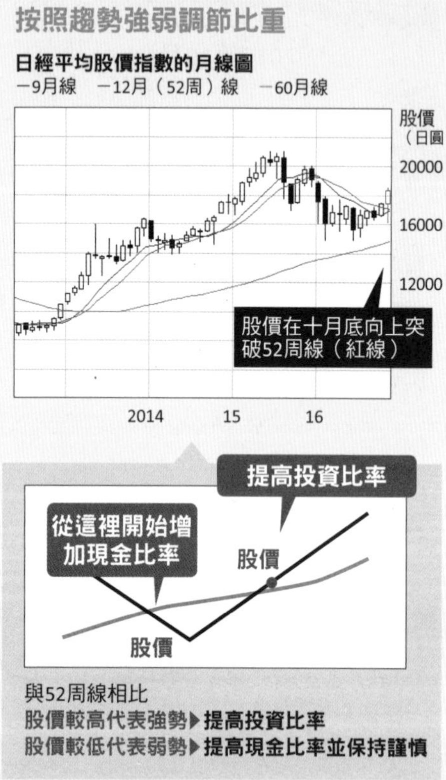

與52周線相比
股價較高代表強勢▶提高投資比率
股價較低代表弱勢▶提高現金比率並保持謹慎

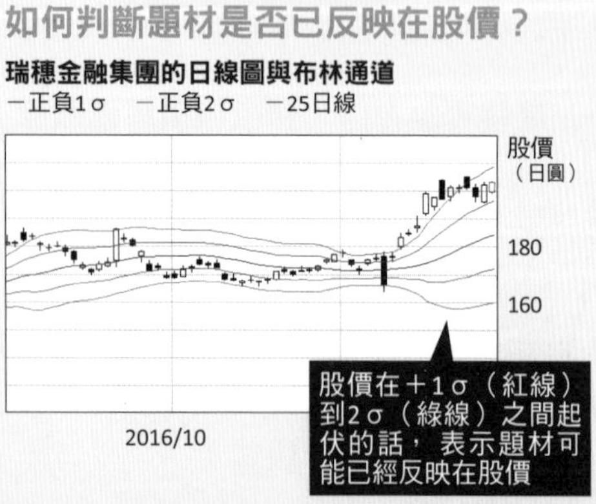

如何判斷題材是否已反映在股價？

利樂集團

（東1・8876）

從四季報挖到好股

主要關注的投資者

六助

業務為代管企業員工的福利設施及宿舍。受惠於進軍海外的企業數量增加，外派員工的支援事業蒸蒸日上，外派期間的空屋租賃活用支援服務也更加活躍。在2017年3月期第二季決算時，達成連續八季經常盈餘創新高。2016年7月更名為利樂集團。

股價 1萬5,120日圓

PER 27.5倍 PBR 6.39倍

六助的初次買進時期

2011年6月

當時

股價 1,538日圓（6月1日）

PER 6.9倍 PBR 1.26倍

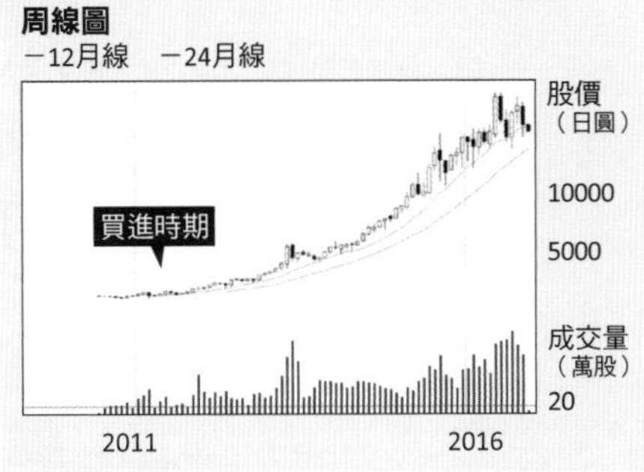

接下來的投資策略

基本面觀點 ▶▶ by 分析師宇野澤

目標股價 最高 2萬日圓 最低 1萬3,500日圓

強化員工宿舍、租賃等主力事業的合作，讓創造經常性收入的商業模式更加強化。收益穩定性會增加，股價應該也會更加穩固。正式開始透過企業併購發展海外事業。政府推動的「勞動方式改革」也推波助瀾。

技術面觀點 ▶▶ by 分析師東野

目標股價 最高 2萬760日圓 最低 1萬2,760日圓

股價持續上漲，接下來是觀察形成M頭或三角形收斂的關鍵。基本上三角形收斂表示會向上突破。也就是說，只要超過前一次最高價與最低價的中間水準，試探性買進也會是有效的。

能夠感受社長追求「二位數成長」的衝勁

利樂集團是六助持續加碼且持有的股票。買進時的本益比約六倍，股價原本約一千五百日圓，現在已經上漲十倍。

之所以注意到利樂，是在翻閱《公司四季報》時的意外收穫。當時他想找出同時符合「營收增加、盈餘增加、配息增加」這三個條件的企業，結果就看到了這家公司。在尋找股票時，他會把營業活動與投資活動的現金流量相加，看看是否維持正現金流。

當時六助透過投資從固定客源身上獲得定期收入、採取穩定累積利益的商業模式的企業，並靠著這套投資法開始取得成功。當他發現該公司的事業可以創造經常性收入時，便更加感興趣。

將員工宿舍等管理工作外包，不但縮減經費，而且一旦客戶體會到其便利性，就很可能持續使用。他得知該公司也有經營服務外派人士的新事業以後，也很關注其未來性。雖然同業之中有Benefit One這家公司，但對方的服務對象是以大企業為主，利樂則是以中小企業為主，所以他認為不必太擔心雙方會互相搶奪客源。

另外他還很中意的一點，就是未來收益可期。在投資人關係活動中，社長在介紹影片內提到：「我把二位數成長當作本公司的憲法。」讓人感受到他的強大野心，到二〇三五年三月期為止的中程願景也很可靠。今後六助也打算繼續持有，並每季檢視目標達成的狀況。

尋找股票時，不妨效法這種做法，以穩健的商業模式為切入點。

指點迷津！重點

1 容易預估營收數字試算後得知配息可能在五年內達到兩倍

2 解約情形很少，競爭對手也很少

3 感受到社長追求2位數成長的衝勁

AVANT

（JQ・3836）

社長也很優秀！

主要關注的投資者

六助

產品為開發有效率執行企業合併財報的會計系統。在因應國際會計準則及強化公司治理等顧問服務的成長下，未來營收有望增加。另一方面，因為進軍海外及強化外包事業等前期投資，預計盈餘會減少。

股價 827日圓
PER 12.0倍　PBR 2.28倍

六助的主要買進時期
2016年3～4月
當時
股價 545.5日圓（4月1日）
PER 8.9倍　PBR 1.76倍

周線圖
—13周線　—26周線

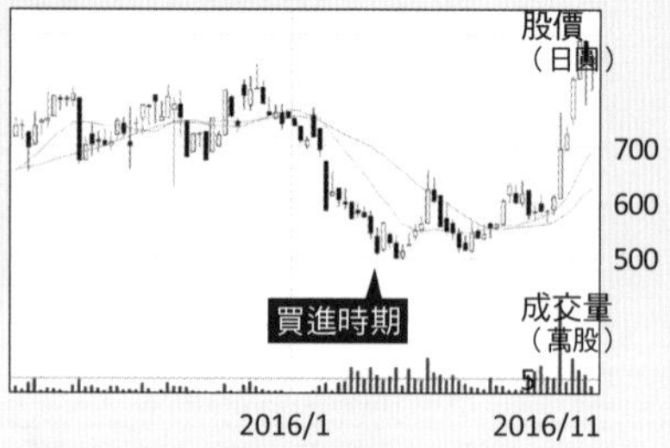

接下來的投資策略

基本面觀點 ▶▶ by 分析師宇野澤

目標股價 最高 1,150日圓 最低 650日圓

融資餘額的整理持續進行中。隨著供需因素的好轉，相信更容易讓人從本益比當中看出股價的優勢。公司計畫傾向於保守，看起來還有更多可追求的空間。收益性高的公司授權營收比率向上是關鍵所在。

技術面觀點 ▶▶ by 分析師東野

目標股價 最高 1,250日圓 最低 600日圓

如果向上突破800多日圓，來到4位數字的話，漲勢也會加速。不過短期來看，週線連續五根紅K棒有過熱的感覺，最好要有漲多拉回的心理準備。如果能在800日圓附近維持3個月左右的話，就是趁低買進的好時機。

「營收增加、盈餘減少」的隱藏實力派

營收、盈餘、配息都增加，向來是六助的選股標準。最近這樣的正面題材已經開始反映在很多企業的股價上，因此他開始實際應用這套準則來尋找股票。他活用過去的經驗，隨時改良投資方法。

他所實踐的方法，可以挖掘出有賺錢實力，卻因為暫時性因素導致盈餘減少、股價便宜的「隱藏實力派」。他看中的是資訊科技公司AVANT，雖然該公司當時營收增加、盈餘減少，但盈餘減少的主因是來自有價值的前期投資，也就是強化前景可期的海外事業，以及強化新事業的收益能力等等。

雖然過去以企業併購方式將Zeal納為子公司後的商譽攤銷費用，也是拉低盈餘水平的主因，但商譽遲早會攤銷完畢。他看準將來會轉為盈餘增加，於是趁股價便宜時進場布局。

選股時除了核心業務的穩定性之外，他也很重視企業有沒有培養能對未來盈餘產生貢獻的新事業。他得知在東證一部總市值前一百名的企業中，有五十家導入該公司主力的合併會計軟體，便判斷其固定收入來源穩定。就如同企業外包業務不易被解約的利樂集團（前頁），他認為AVANT的客戶黏著度也很高。另外他也注意到幾年前創立的新事業，有提供企業合併財報的外包服務。這項服務在日本雖然還是少數，但他相信有很大的成長空間。

在企業形象方面，他認為社長主張「GO GLOBAL」（放眼國際）的氣勢非常令人讚賞。此外，該企業積極推動歐美事業版圖，未來成長令人期待。

指點迷津！重點

1. 本益比低，股價相對便宜
2. 即使盈餘減少，只要有效投資就有價值
3. 看完影片，對社長認真誠懇的態度產生好感

吉村食品控股

（MOTHERS・2884）

看出成長空間！

主要關注的投資者

Bkomi

2016年3月東證MOTHERS掛牌上市。併購多家中小型食品企業，擴大版圖。旗下有中華料理、冷食、麵食等各類集團企業。最近準備收購生產果凍等食品的製造公司、肉品加工公司、福島縣的釀酒公司等企業。

提前洞悉產業的脈動

Bkomi曾擔任證券公司的交易員。他有感於當今所有企業都難以提高盈餘，因此他對於股票的中長期投資採取「嚴格選股」的策略。篩選出來的股票之一，就是吉村食品控股。

該公司的經營型態是向中小型食品公司提出收購案，藉由讓賠錢的公司起死回生來拓展事業版圖。Bkomi從以前就經常思考中小型食品企業常見的問題，例如因為後繼無人或設備老舊等原因而無法提高盈餘，還有商業模式很容易受到海外因素影響等等。他認為這種運用「重建事業」的知識達成起死回生之效的企業，具有相當大的潛力，是個有望獲得高收益的行業。

在這樣的觀點下，他首先投資的是同樣藉由併購食品企業擴大版圖的Asrapport Dining。但股價並未如預期般上漲，調查原因才發現，直接參與企業重建且獲得最多利潤的其實是未上市的母公司。他判斷Asrapport缺乏成長空間，便果斷放棄。

不過在中小型食品業界容易發生企業併購的環境下，勢必存在很大的利益，他依然堅信這點。記取失敗的教訓後，他轉而投資同為上市企業，但直接參與重建的吉村食品控股。

該公司社長長年任職於證券公司，又有MBA學歷，一來對企業重建事業有一定程度的知識，二來身為懂得嚴格審視股價的專家，其主導的企業想必能夠期待高收益表現。

結合產業觀察的選股術難度頗高，但這樣的思考方式依然值得各位仿效。

指點迷津！重點

1 競爭力低的中小型食品業界成長空間大

2 由對股價波動相當敏銳的專家所領導

3 根據失敗經驗，找出能彌補過去漏洞的條件

股價 1,510日圓

PER 27.4倍　PBR 1.9倍

Bkomi的主要買進時期

2016年6月

股價

股價 1,069日圓（6月1日）

PER 20.9倍　PBR 1.52倍

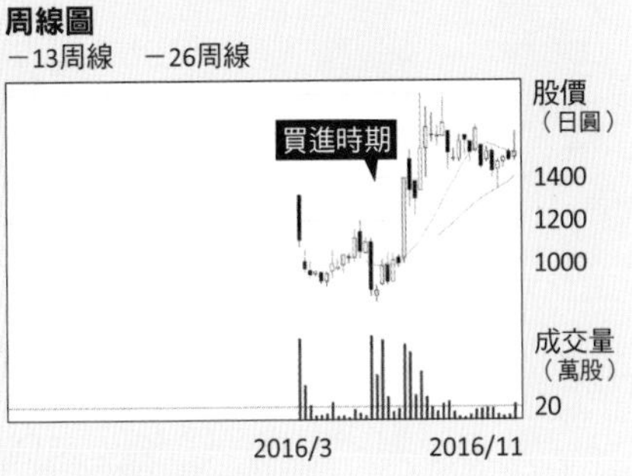

接下來的投資策略

基本面觀點 by 分析師宇野澤

目標股價　最高 2,100日圓　最低 1,200日圓

因為上市後知名度提高，所以收購或顧問案件也有增加的趨勢。專攻食品領域這一點是其強項，接下來的盈餘有望再創新高。中長期的事業版圖擴大預計也將持續反映在股價上。

技術面觀點 by 分析師東野

目標股價　最高 2,200日圓　最低 1,400日圓

上市開盤價形成後一度調整到四位數以下，但這很有可能反而強化了波動，使股價以下跌的二倍幅度上漲。預計26周線會有支撐效果，持續以下影紅線的型態反彈，如果突破上市以來最高價1,800日圓的話，也可以考慮追漲。

Column 聰明投資者的王道選股術 以投資贏家Bkomi為例

從總體經濟面開始進行篩選

個人投資者Bkomi本名坂本慎太郎，身兼指導投資技巧的「心交易研究所」的所長。他介紹的基本選股法是先掌握總體經濟，再由上而下篩選出股票。他會依循左下圖的三個步驟選股。

先從大方向開始

步驟一是掌握總體經濟的大方向，不過這必須參考各國中央銀行的金融政策、匯率行情、資源價格等各種指標，因此判斷上需要具備一定的知識與經驗。為了盡快獲得投資靈感，不妨多多注意國家政策正在積極扶植哪個領域的產業。

步驟二是確認整體的供需與業績，供需是預測未來股價動向所需的要素，其中外國人的買賣動向也是選股時的參考因素之一。如果買盤比較強勢的話，鎖定外國人偏好的股票，也是一種手法。

業績面則要與過去做比較，判斷趨勢是往上走還是往下走。根據這些背景去調查各個產業預測業績的達成進度，即可辨別哪個產業比較強勢。

完成前述步驟以後，再進入步驟三的個股選擇，是最理想的方式。

題材股重視的是比氣長

他用這個流程尋找股票，最成功案例之一是**戶上電機製作所**。該公司的事業內容是為電力公司製造在太陽能發電普及下，投資設備時所需的零件。他買進的時期是二〇一三年，後來股價大約漲了七倍。

當時在積極推動「廢核」的民主黨政權下，國家政策即是導入太陽能發電。就像市場上耳熟能詳的格言：「不要與國家政策作對。」太陽能在股票市場上也成為備受關注的題材之一。

他很早就開始注意到，這個產業有強大的需求，並深入分析，親自確認太陽能發電相關的業績進度比其他還高。掌握到一定程度的勝算以後，他開始前進到「尋找個股」的階段。

其後，他埋首研究各公司的業務內容，觀察這些公司在太陽能發電事業中，究竟都扮演著什麼樣的角色。如果認為只是一時備受關注的股票，就淘汰出局。最後他篩選出可以長久穩定受惠的企業，並選擇了製造配電開關的戶上電機。他認為該公司能夠對應企業「因太陽能發電需求增加而大量投資設備」的現象，業績有望長期成長。

他相信在反覆執行這些步驟的過程中，也會鍛鍊出「投資腦」，實現能夠賺錢的投資思維。

Bkomi的選股基本流程

STEP1

掌握總體經濟的動向

整體來看很強勢嗎？
還是很弱勢呢？
與國家政策相關的題材是什麼？

例如

國家政策積極推動
「太陽能發電」
這個產業或許會很強勢？

STEP2

確認整體供需

外國人會買進嗎？
還是會賣出？
哪個國家的投資者會買進呢？

確認整體業績

業績與去年相比如何？
強勢產業在哪裡（觀察推動狀況）？

例如

企業的實際發展真的符合經濟動向嗎？
調查看看相關產業吧。
（確認期初計畫的進度）

STEP3

分析個股

例如

相關產業表現強勢。
就從中選擇一檔看起來氣比較長，而不是曇花一現的股票。

相模橡膠工業

（東2・5194）

東京奧運形成投資助力

主要關注的投資者

御發注

保險套製造大廠。因供不應求而停產1年的0.01mm薄型保險套，在2016年6月重新發售新商品。深受來日本觀光的外國旅客歡迎。以新興國為中心的業績成長值得期待。

股價 **916**日圓
PER **15.3**倍 PBR **2.55**倍

御發注的初次買進時期

2015年7月13日

當時
股價 **694**日圓
PER **14.5**倍 PBR **1.87**倍

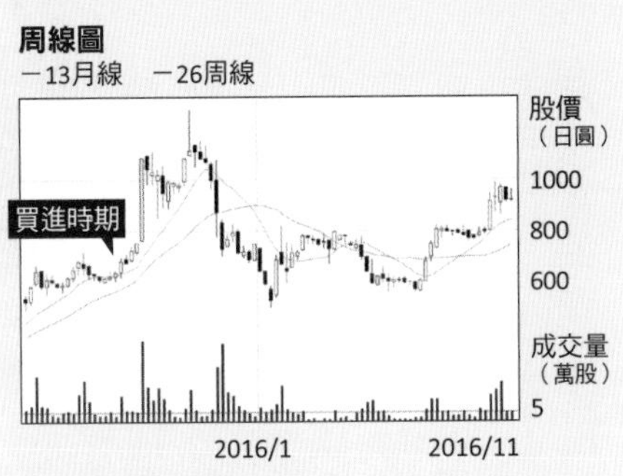

接下來的投資策略

基本面觀點 by 分析師宇野澤

目標股價 最高 1,300日圓 最低 750日圓

超薄型保險套很受外國人歡迎，銷售成績不俗。盈餘有可能突破新高。為了擴大海外版圖，全球化的生產體制也在積極整備當中，可以期待事業領域的擴張。另一方面，需要注意原物料價格的動向。

技術面觀點 by 分析師東野

目標股價 最高 1,090日圓 最低 770日圓

股價到達1,000日圓附近後呈現暫時休止的局面。成交量減少可能導致股價大跌，但基本上應該都是在2015年最高價之後的急跌範圍內震盪。必須留意的是，很多時候震盪也會接續到股價持續上漲的局面。

自行計算每股盈餘，判斷「便宜價位」

以人氣題材為標的，是比較容易上手的方法。

御發注認為「還會繼續上漲的剛性需求股」，就是相模橡膠工業。他買進的時期是在日圓持續貶值，與觀光潮相關股票大受歡迎的時候。由於中國人的「爆買」行為，家電、魔法瓶、化妝品類股備受矚目。這時御發注最感興趣的是「氣更長的股票」。他認為家電等產品一旦普及了，需求就會減少，但便宜的生活用品或消耗品的強烈需求卻會長期持續下去。

其中，保險套是十分受歡迎的日常消耗品。他深入調查後陸續發現以下優勢：①重視薄度的保險套，等到生產體制完備以後，即可用低廉的成本製造高附加價值的商品，利益率很高；②國內上市保險套廠商只有三家，講究薄度與品質的技術不容易被其他公司模仿；③日本因為少子化，加上「草食系男子」增加，保險套廠商被視為夕陽產業，股價相對便宜，但今後隨著新興國的需求增加，將會轉換為成長產業。而在三家保險套製造企業中，他之所以挑出相模橡膠，是因為岡本的保險套營收占比較低，不二乳膠的財務面則比較差。

相模在經過人氣薄型商品停產的大幅調整後，二〇一六年夏天重新開始生產，股價再度開始上漲。御發注考量到該公司EPS（每股盈餘）是薄型商品停產前的水準，認為股價即使在一千日圓以上也不為過。

指點迷津！重點

1 以業績好時的EPS來看，股價還算便宜

2 期待高技術與商品在亞洲的人氣

3 景氣蕭條時也需要的防禦型股票

日本社宅服務

（東2・8945）

為民宿業者帶來活路

主要關注的投資者

DAIBOUCHOU

協助大企業代管其租賃用員工宿舍的頂尖企業。公寓管理、修繕、改造等相關服務皆十分完備。東證MOTHERS掛牌上市10年後，2016年11月變更市場到東證2部。

股價 610日圓

PER 11.5倍　PBR 1.47倍

DAIBOUCHOU的主要買進時期

2015年10月

當時

股價 338日圓（10月1日）

PER 9.4倍　PBR 0.91倍

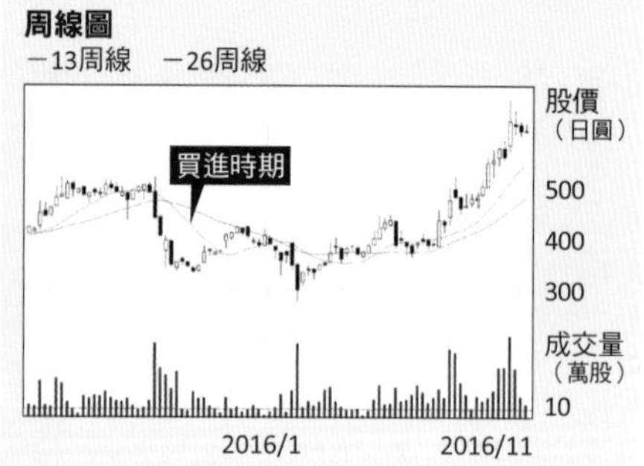

接下來的投資策略

基本面觀點 by 分析師宇野澤

目標股價 最高 850日圓 最低 450日圓

主力的員工宿舍物業代管事業很穩定。企業將員工宿舍管理業務外包的趨勢將持續增強。5年中期經營計畫中，合併股票殖利率以30%以上為目標，相信從殖利率來看也會受到關注。

技術面觀點 by 分析師東野

目標股價 最高 764日圓 最低 555日圓

在520附近的高價伴隨著成交爆大量，表示是真突破。13周線的上方乖離率變大，需要對股價是否過高保持警戒，但只要又超過11月11日「空頭吞噬」的賣出訊號，估計可能會再以二倍的幅度上漲。

注意到過於保守的業績

靠不動產類股在六年內累積出十億日圓資產的DAIBOUCHOU，目前的主要持股是日本社宅服務。過去他積極運用融資融券交易，但經歷過資產因雷曼兄弟事件而大幅減少的痛苦經驗後，他轉而投資業績良好的價值股。他關注的是盈餘呈二位數成長，本益比十倍左右的股票，或是用現在的股價除以三年後的每股盈餘，本益比會降到十倍左右的股票。至於三年後的盈餘可以從公司公布的中期經營計畫，或以往的業績成長速度來估算。

就算只是先按照這個條件尋找候選標的，暫時觀察股價波動，也是個不錯的學習方式。

之所以注意到這家公司，是因為這些它具備以上所有條件，而且收益也很穩定。該公司替大企業代管員工宿舍，主要的收益來源是代管的手續費。本身也有租賃用不動產的DAIBOUCHOU，也是委由專門的物業管理公司進行管理，因此他很清楚這項事業的穩定性。但為什麼股價沒有起色呢？他經過一番調查後判斷，業績的達成狀況比去年同期成長，只是公司的業績預測太過保守了。

由於過去曾經因為向下修正業績，導致投資人大量拋售，所以也認為「可能市場與公司對那次的創傷都還記憶猶新，股價才會沒有起色」。

預計上市企業本期的盈餘會增加，對員工宿舍的營運也是一股助力。另外為外國旅客提供民宿的事業，往後可能也有發展的空間。

指點迷津！重點

1 從業績進度來看，比去年同期成長

2 上市企業的業績成長是助力

3 顧客「不容易解約」是一大吸引力

Beauty Garage

（東1・3180）

不景氣時頭髮還是會生長

主要關注的投資者

PENTA

專賣美髮沙龍專用機器或化妝品等商品的貿易公司。另外也經營網購平台，商品數量超過90萬種，約有29萬個美髮沙龍客戶。2016年11月公布與營運針灸接骨院的業者ArTra展開業務合作的消息。向針灸接骨院販賣毛巾或枕頭等商品，拓展客層。

股價 1,231日圓
PER 21.0倍　PBR 4.16倍

PENTA的初次買進時期
2015年12月11日

當時
股價 807日圓
PER 16.0倍　PBR 3.03倍

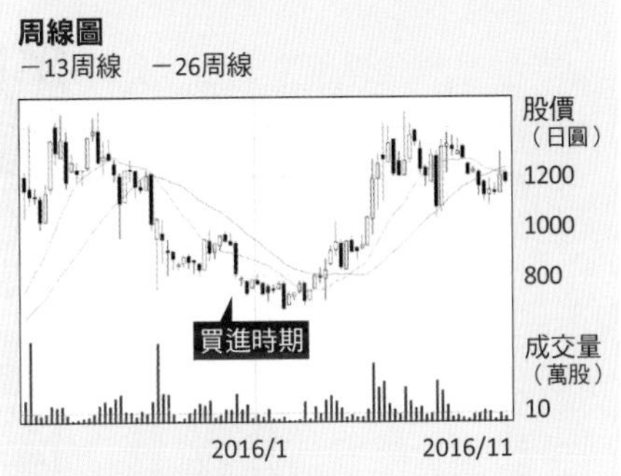

接下來的投資策略

基本面觀點 by 分析師宇野澤

目標股價　最高 1,800日圓　最低 800日圓

試圖藉由與ArTra的業務合作、行動通路的強化、針對牙科業界的銷售等擴大通路。有很多可以預見固定需求的耗材型商品，相信隨著市占率的擴大，會再持續高度成長。另一方面，如果日圓升值，有可能在日後變成阻礙。

技術面觀點 by 分析師東野

目標股價　最高 1,600日圓　最低 1,050日圓

以2015年6月線圖來看，當時在高檔震盪，2016年夏季之後逐漸形成小三角震盪。之後雖然有很多上影線，但底部仍然有支撐。目前整體依然維持向上波動的趨勢，等到收盤價突破1,400日圓的壓力，就是追漲的訊號。

對於社長的「改革宣言」充滿期待

持續獲得穩健且固定收入的表現，讓PENTA注意到Beauty Garage這家企業。在透過企業情報誌及財報短訊搜尋有力股票時，他會一邊注意是不是能夠創造經常性收入的事業，一邊確認提供的服務是生活必需型，還是有像Giga Prize這種不容易解約的機制。經過這些流程後，他注意到這檔股票。

一方面當然是因為業績很好，但最令他中意的是社長那股「想要親手改變業界陳舊體質」的熱情。髮廊在向製造業者進貨美容器具等商品時，要通過一層又一層的批發業者，因此被迫以抽成過的高價購買。社長試圖打破這種結構，極力以低價讓商品流通，其理念很讓人敬佩。

在從多組候選中挑選投資標的的階段，他也很重視社長的想法、與董事或員工之間的合作，或投資人關係的體制等方面的評價。他會積極參加股東大會或投資人關係活動，也會向投資人關係部門提問。如果沒有「可以認同社長的想法」或「自己也想在這家公司工作」的感覺，就不會投資。

交易對象是美髮業，也符合理想的穩定成長模式。頭髮無論景氣好壞都會生長，因此在不景氣時還是很穩固。再加上店家不會一直更換洗髮精等產品，一旦成為客戶就很容易成為固定客源，也是令他肯定的原因之一。

雖然上班族平常很難參加股東大會，但假日舉辦的投資人關係活動等場合，應該也可以用來尋找投資標的。

指點迷津！重點

1. 顧客「不容易解約」，所以事業很穩定
2. 景氣差時，需求也不易減少的堅實產業
3. 對社長的衝勁與野心充滿期待

昭和控股

（東2・5103）

大受投資人歡迎

主要關注的投資者

DAIBOUCHOU

軟式網球的製造大廠，也經營網球俱樂部。集團下的Wedge控股在東南亞經營的金融事業發展順利。該事業在印尼、柬埔寨等地的業務量逐漸增加，專門貸款給要購買機車或農機具的人。

在知道「有風險」的情況下選擇豪賭

「如果只是選了很便宜的股票，也有可能股價文風不動。讓投資者覺得企業有成長動能與穩定性是很重要的。」DAIBOUCHOU對於自己投資了相當大比重的昭和控股充滿期待。

投資契機是來自投資同好的資訊。在參加投資人關係活動時，從投資同好口中聽聞該公司的魅力，回家後立刻確認業績等資訊。下個營業日就迫不及待地下了買單。

同好之間格外關注的是旗下子公司Wedge控股的事業。Wedge控股與在泰國證券交易所上市的子公司Group Lease合作，專門貸款給購買機車或農機具的人。對象是泰國、印尼、柬埔寨等經濟發展成長空間很大的區域。

在詳細調查的過程中，他也很肯定該公司貸款事業比想像中還穩固。他發現業務範圍不僅包含都市，更延伸到鄉下地區，而且鄉下地區還有由「緊密的人際關係」發展出來的獨特審查系統。尤其在鄉下地區，人們會害怕「不還錢」的壞名聲傳開，他認為那樣的環境比較不容易發生滯納或不還錢的問題。再加上公司在當地擁有「各地區有哪些重要人物」「誰跟誰交情很好」等豐富的人脈資訊，新據點的開設成本也很低。他判斷「失誤」的情形應該很少，可以踏實展開事業。

昭和控股與子公司Wedge控股都有掛牌上市，這二檔股票，他都以很高的比重持有中。

股價 260日圓

PER 36.0倍 PBR 2.17倍

DAIBOUCHOU的初次買進時期

2016年8月29日

當時

股價 109日圓

PER 14.9倍 PBR 0.9倍

周線圖

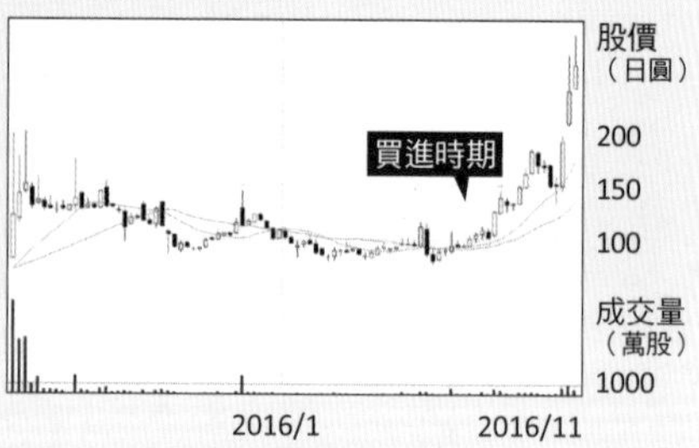

接下來的投資策略

基本面觀點 by 分析師宇野澤

目標股價 最高 350日圓 最低 150日圓

公司本身的業績處於低空飛行狀態，從收益力計算的股價指標來看，價位算是相對高點。另一方面，子公司Wedge控股朝ASEAN（東南亞國協）展開事業，或是正要迎來收穫期等條件帶動股價上漲，進一步提高了未實現收益。

技術面觀點 by 分析師東野

目標股價 最高 440日圓 最低 200日圓

周線的跳空上漲是趨勢強化的訊號。2015年股價創新高（199日圓），確認了股價將從連續7年的底部盤整向上噴發。在市場對股價的期待下，長期來說也有可能上看4位數，但短期的標準大概是從2015年最高價開始下跌的幅度，向上反彈三倍（400日圓附近）左右。

CHECK！

昭和控股也有令人擔憂的題材。2013年日本證券交易監督委員會以該公司會長此下益司違反金融商品交易法，為哄抬子公司Wedge控股股價而公布虛假交易為由，勸告金融廳命令此下繳納40億日圓的課徵金。金融廳是否會下達繳納命令，在2017年2月7日還是不透明的資訊。DAIBOUCHOU對此事雖有顧慮，但他一心認為「個人投資者的強項，就是即使持有這類有疑慮的股票，也沒人能說三道四」，並堅持繼續持有。

國家圖書館出版品預行編目(CIP)資料

偷學億萬散戶贏家的快狠準獲利術 / 日經理財作；劉格安譯. -- 初版. -- 臺北市：今周刊出版社股份有限公司，2021.10
80面；21×28公分. --（投資贏家；52）
譯自：日本の億万投資家名鑑
ISBN 978-626-7014-16-5(平裝)

1.股票投資 2.投資技術 3.投資分析

563.53　　110014024

投資贏家系列 52

偷學億萬散戶贏家的快狠準獲利術

日本の億万投資家名鑑

作　　者　日經理財
譯　　者　劉格安
責任編輯　李韻
校　　對　許訓彰
副總編輯　鍾宜君
行銷經理　胡弘一
封面設計　FE設計
內文排版　菩薩蠻數位文化有限公司

發 行 人　謝金河
社　　長　梁永煌
副總經理　吳幸芳
副 總 監　陳姵蒨

出 版 者　今周刊出版社股份有限公司
地　　址　台北市中山區南京東路一段96號8樓
電　　話　886-2-2581-6196
傳　　真　886-2-2531-6438
讀者專線　886-2-2581-6196轉1
劃撥帳號　19865054
戶　　名　今周刊出版社股份有限公司
網　　址　www.businesstoday.com.tw

總 經 銷　大和書報股份有限公司
製版印刷　緯峰印刷股份有限公司
初版一刷　2021年10月
定　　價　149元